PONS

ITALIENISCH

VON 0 AUF 500

Spielend leicht Italienisch lernen mit nur 5 Wörtern am Tag

Deine Themen – Woche für Woche

GIORNO 1

1 Lies das italienische Wort laut vor und schreibe es auf.

i **capelli**
[ka'pelli]
das Haar

l'**orecchio**
[o'rekkjo]
das Ohr

l'**occhio**
['okkjo]
das Auge

il **dente**
['dente]
der Zahn

la **bocca**
['bokka]
der Mund

2 Präge dir die 5 Wörter kurz ein.

3 Verdecke die linke Seite, schreibe die Wörter auf und sprich sie laut aus.

das **Haar** ....

das **Ohr** ....

das **Auge** ....

der **Mund** ....

der **Zahn** ....

4 Geschafft? Abgehakt!

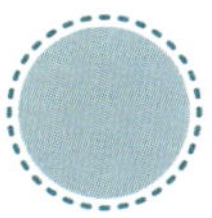

GIORNO 2

1 Lies das italienische Wort laut vor und schreibe es auf.

la **biblioteca**
[bibljo'tehka]
die Bibliothek

il **teatro**
[te'ahtro]
das Theater

il **museo**
[mu'seo]
das Museum

il **cinema**
['tschienema]
das Kino

il **caffè**
[kaf'fe]
das Café

2 Präge dir die 5 Wörter kurz ein.

3 Verdecke die linke Seite, schreibe die Wörter auf und sprich sie laut aus.

die **Bibliothek** ....

das **Theater** ....

das **Kino** ....

das **Museum** ....

das **Café** ....

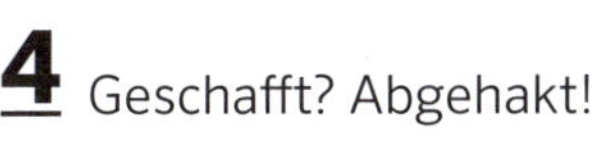

4 Geschafft? Abgehakt!

GIORNO 3

1 Lies das italienische Wort laut vor und schreibe es auf.

il **broccolo**
['brokkolo]
der Brokkoli

la **pasta**
['pasta]
die Nudeln

il **coltello**
[kol'tello]
das Messer

il **pesce**
['pesche]
der Fisch

la **forchetta**
[for'ketta]
die Gabel

2 Präge dir die 5 Wörter kurz ein.

3 Verdecke die linke Seite, schreibe die Wörter auf und sprich sie laut aus.

der **Fisch** ....

der **Brokkoli** ....

die **Nudeln** ....

die **Gabel** ....

das **Messer** ....

4 Geschafft? Abgehakt!

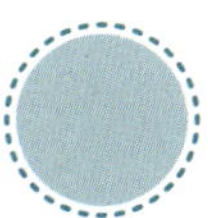

GIORNO 4

1 Lies das italienische Wort laut vor und schreibe es auf.

bene
['behne]
gut

---

l'errore
[er'rohre]
der Fehler

male
['mahle]
schlecht

corretto/a
[kor'retto/a]
richtig

errato/a
[er'rahto/a]
falsch

2 Präge dir die 5 Wörter kurz ein.

3 Verdecke die linke Seite, schreibe die Wörter auf und sprich sie laut aus.

gut ....

der **Fehler** ....

schlecht ....

richtig ....

falsch ....

4 Geschafft? Abgehakt!

GIORNO **5**

1 Lies das italienische Wort laut vor und schreibe es auf.

la **sedia**
['sehdja]
der Stuhl

lo **scaffale**
[skaf'fahle]
das Regal

la **cucina**
[ku'tschiena]
der Herd

il **tavolo**
['tahwolo]
der Tisch

il **forno**
['forno]
der Backofen

2 Präge dir die 5 Wörter kurz ein.

3 Verdecke die linke Seite, schreibe die Wörter auf und sprich sie laut aus.

das **Regal** ....

der **Tisch** ....

der **Stuhl** ....

der **Herd** ....

der **Backofen** ....

4 Geschafft? Abgehakt!

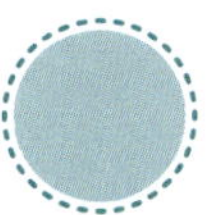

TESTE DICH! Wie viele Wörter der letzten 5 Tage kannst du noch?

1 Verbinde jedes Bild mit dem richtigen Wort.

i capelli **corretto/a** **il museo** **l'occhio** **il teatro** **l'errore** **la cucina** **male**

il caffè **la biblioteca** **il broccolo** **il cinema** **bene** **errato/a** **la sedia**

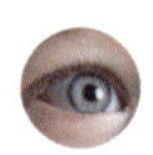

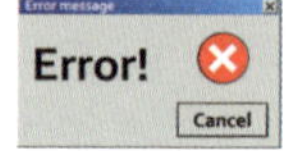

2 Suche im Wortgitter die italienischen Wörter.

der **Backofen**
der **Fisch**
die **Gabel**
das **Messer**
der **Mund**
die **Nudeln**
das **Ohr**
das **Regal**
der **Tisch**
der **Zahn**

S	C	A	F	F	A	L	E	F	B
P	O	O	R	E	C	C	H	I	O
E	L	D	I	T	N	A	C	E	C
S	T	E	O	P	A	S	T	A	C
C	E	N	E	H	S	V	R	L	A
E	L	T	F	O	R	N	O	P	I
B	L	E	M	A	L	G	O	L	D
F	O	R	C	H	E	T	T	A	O

3 Verdecke die linke Seite und vervollständige dein Glossar.

das **Kino** ______________	das **Café** ______________
______________ **male**	der **Fehler** ______________
______________ il **forno**	______________ il **tavolo**
der **Brokkoli** ______________	das **Ohr** ______________
______________ i **capelli**	______________ la **sedia**
der **Mund** ______________	**gut** ______________
______________ il **coltello**	das **Museum** ______________
______________ lo **scaffale**	die **Gabel** ______________
das **Auge** ______________	**richtig** ______________
der **Fisch** ______________	______________ **errato/a**
______________ la **cucina**	der **Zahn** ______________
die **Nudeln** ______________	das **Theater** ______________
die **Bibliothek** ______________	Geschafft? Abgehakt!

GIORNO 1

1 Lies das italienische Wort laut vor und schreibe es auf.

ridere
['riedere]
lachen

piangere
['pjandschere]
weinen

triste
['triste]
traurig

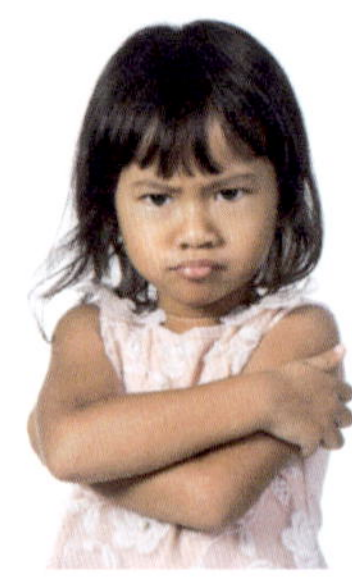

arrabbiato/a
[arrab'bjahto/a]
wütend

stanco/a
['stanko/a]
müde

2 Präge dir die 5 Wörter kurz ein.

3 Verdecke die linke Seite, schreibe die Wörter auf und sprich sie laut aus.

lachen ....

weinen ....

traurig ....

wütend ....

müde ....

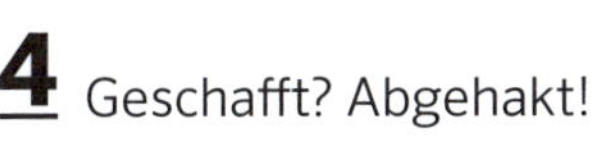

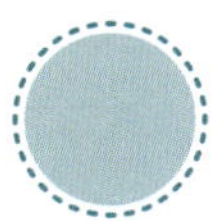

GIORNO 2

1 Lies das italienische Wort laut vor und schreibe es auf.

il **fiore**
['fjohre]
die Blume

---

la **pianta**
['pjanta]
die Pflanze

l'**insetto**
[in'setto]
das Insekt

---

il **pesce**
['pesche]
der Fisch

---

la **rana**
['rahna]
der Frosch

2 Präge dir die 5 Wörter kurz ein.

3 Verdecke die linke Seite, schreibe die Wörter auf und sprich sie laut aus.

die **Pflanze** ....

die **Blume** ....

der **Frosch** ....

der **Fisch** ....

das **Insekt** ....

4 Geschafft? Abgehakt!

GIORNO 3

1 Lies das italienische Wort laut vor und schreibe es auf.

digitare
[didschi'tahre]
tippen

cliccare
[klik'kahre]
klicken

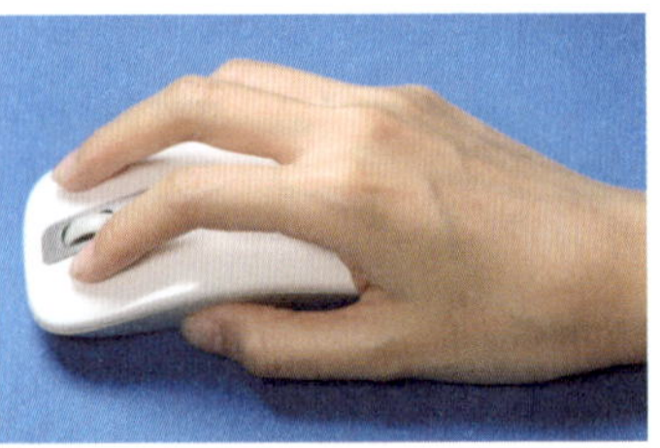

il **Wi-Fi**
['waj,faj]
das WLAN

il **messaggio**
[mes'saddscho]
die Nachricht

i **social media**
['sotschahl 'miedja]
die sozialen Medien

2 Präge dir die 5 Wörter kurz ein.

3 Verdecke die linke Seite, schreibe die Wörter auf und sprich sie laut aus.

tippen ....

klicken ....

das **WLAN** ....

die **Nachricht** ....

die **sozialen Medien** ....

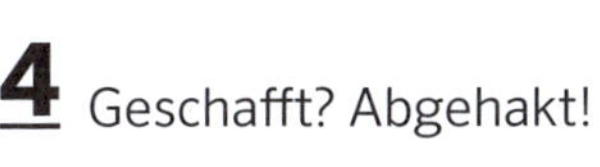

4 Geschafft? Abgehakt!

GIORNO 4

1 Lies das italienische Wort laut vor und schreibe es auf.

la **meta del viaggio**
[ˌmehta del 'wjaddscho]
das Reiseziel

in ritardo
[in ri'tardo]
verspätet

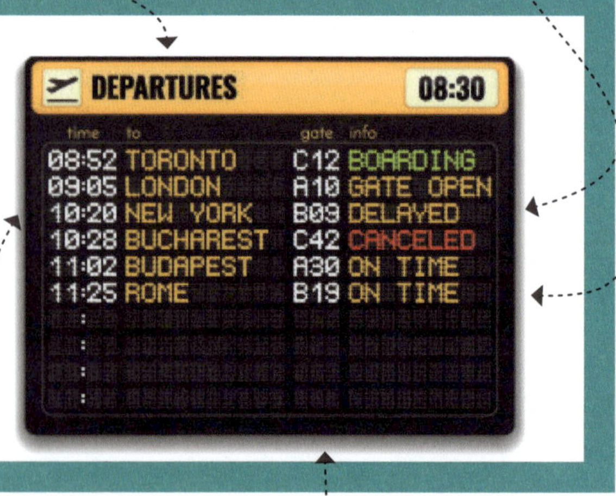

puntuale
[puntu'ahle]
pünktlich

l'**ora**
['ohra]
die Uhrzeit

il **gate**
['gejt]
das Gate

2 Präge dir die 5 Wörter kurz ein.

3 Verdecke die linke Seite, schreibe die Wörter auf und sprich sie laut aus.

das **Reiseziel** ....

die **Uhrzeit** ....

das **Gate** ....

verspätet ....

pünktlich ....

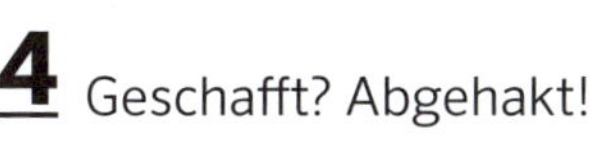

4 Geschafft? Abgehakt!

GIORNO 5

1 Lies das italienische Wort laut vor und schreibe es auf.

il **panino farcito**
[pa'nieno far'tschieto]
das belegte Brot

il **dolce**
['doltsche]
der Kuchen

la **zuppa**
['tsuppa]
die Suppe

lo **stufato**
[stu'fahto]
der Eintopf

l'**insalata**
[insa'lahta]
der Salat

2 Präge dir die 5 Wörter kurz ein.

3 Verdecke die linke Seite, schreibe die Wörter auf und sprich sie laut aus.

das **belegte Brot** ....

der **Kuchen** ....

die **Suppe** ....

der **Eintopf** ....

der **Salat** ....

4 Geschafft? Abgehakt!

TESTE DICH! Wie viele Wörter der letzten 5 Tage kannst du noch?

1 Verbinde jedes Bild mit dem richtigen Wort.

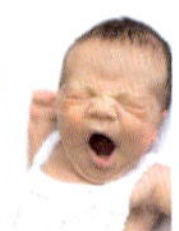

il dolce **triste** **cliccare** **la zuppa** **i social media** **ridere** **l'insalata** **stanco/a**

il Wi-Fi **piangere** **il panino farcito** **lo stufato** **arrabbiato/a** **il messaggio** **digitare**

2 Suche im Wortgitter die italienischen Wörter.

die **Blume**
der **Fisch**
der **Frosch**
das **Gate**
das **Insekt**
die **Pflanze**
pünktlich
die **Uhrzeit**
verspätet

F	G	T	R	I	P	S	V	P
O	R	A	U	A	U	O	A	E
S	P	M	T	D	N	R	C	S
F	I	O	R	E	T	A	G	C
I	A	E	M	B	U	L	H	E
I	N	R	I	T	A	R	D	O
C	T	N	A	N	L	P	U	E
O	A	I	N	S	E	T	T	O

3 Verdecke die linke Seite und vervollständige dein Glossar.

______ la **rana**	das **Insekt** ______
das **Gate** ______	______ l'**ora**
der **Salat** ______	der **Kuchen** ______
klicken ______	______ **piangere**
______ **ridere**	die **Suppe** ______
______ **arrabbiato/a**	______ la **meta del viaggio**
die **sozialen Medien** ______	der **Fisch** ______
das **belegte Brot** ______	die **Nachricht** ______
traurig ______	______ **in ritardo**
______ **digitare**	**pünktlich** ______
______ lo **stufato**	**müde** ______
das **WLAN** ______	die **Blume** ______
die **Pflanze** ______	Geschafft? Abgehakt!

GIORNO 1

1 Lies das italienische Wort laut vor und schreibe es auf.

la **casa**
['kahsa]
das Haus

----

il **giardino**
[dschar'dieno]
der Garten

il **viottolo**
['wjottolo]
der Weg

----

la **porta**
['porta]
die Tür

----

il **prato**
['prahto]
der Rasen

2 Präge dir die 5 Wörter kurz ein.

3 Verdecke die linke Seite, schreibe die Wörter auf und sprich sie laut aus.

das **Haus** ....

der **Garten** ....

die **Tür** ....

der **Weg** ....

der **Rasen** ....

4 Geschafft? Abgehakt!

GIORNO **2**

1 Lies das italienische Wort laut vor und schreibe es auf.

nuotare
[nuo'tahre]
schwimmen

la **pallavolo**
[ˌpalla'wohlo]
der Volleyball

lo **sci**
[schi]
das Skifahren

il **basket**
['basket]
der Basketball

il **tennis**
['tennis]
das Tennis

2 Präge dir die 5 Wörter kurz ein.

3 Verdecke die linke Seite, schreibe die Wörter auf und sprich sie laut aus.

schwimmen ....

der **Volleyball** ....

der **Basketball** ....

das **Tennis** ....

das **Skifahren** ....

4 Geschafft? Abgehakt!

GIORNO 3

1 Lies das italienische Wort laut vor und schreibe es auf.

il **francobollo**
[franko'bollo]
die Briefmarke

l'**indirizzo**
[indi'rittso]
die Adresse

la **cassetta delle lettere**
[kas'setta ˌdelle 'lettere]
der Briefkasten

il **pacco**
['pakko]
das Paket

la **lettera**
['lettera]
der Brief

2 Präge dir die 5 Wörter kurz ein.

3 Verdecke die linke Seite, schreibe die Wörter auf und sprich sie laut aus.

die **Briefmarke** ....

die **Adresse** ....

der **Briefkasten** ....

das **Paket** ....

der **Brief** ....

4 Geschafft? Abgehakt!

GIORNO 4

1 Lies das italienische Wort laut vor und schreibe es auf.

il **vestito**
[wes'tieto]
das Kleid

la **maglietta**
[mal'jetta]
das T-Shirt

i **pantaloncini corti**
[pantalon'tschieni ˌkorti]
die Shorts

il **sandalo**
['sandalo]
die Sandale

la **scarpa**
['skarpa]
der Schuh

2 Präge dir die 5 Wörter kurz ein.

3 Verdecke die linke Seite, schreibe die Wörter auf und sprich sie laut aus.

der **Schuh** ....

das **T-Shirt** ....

die **Shorts** ....

das **Kleid** ....

die **Sandale** ....

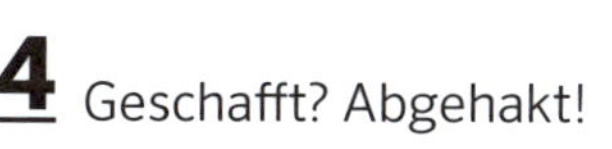

4 Geschafft? Abgehakt!

GIORNO 5

1 Lies das italienische Wort laut vor und schreibe es auf.

la **mucca**
['mukka]
die Kuh

l'**asino**
['ahsino]
der Esel

il **maiale**
[ma'jahle]
das Schwein

la **capra**
['kapra]
die Ziege

la **pecora**
['pehkora]
das Schaf

2 Präge dir die 5 Wörter kurz ein.

3 Verdecke die linke Seite, schreibe die Wörter auf und sprich sie laut aus.

der **Esel** ....

die **Ziege** ....

das **Schwein** ....

das **Schaf** ....

die **Kuh** ....

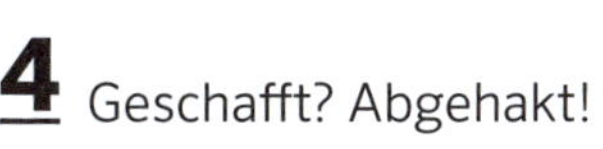

4 Geschafft? Abgehakt!

TESTE DICH!

Wie viele Wörter der letzten 5 Tage kannst du noch?

1 Verbinde jedes Bild mit dem richtigen Wort.

il tennis **la pallavolo** **il pacco** **il basket** **la lettera** **la scarpa** **la capra** **lo sci**

il maiale **il prato** **l'indirizzo** **la cassetta delle lettere** **il sandalo** **nuotare** **il francobollo**

2 Suche im Wortgitter die italienischen Wörter.

der **Esel**
der **Garten**
das **Haus**
das **Kleid**
die **Kuh**
das **Schaf**
die **Shorts**
das **T-Shirt**
die **Tür**
der **Weg**

V	I	O	T	T	O	L	O	R	B	C	F
E	G	I	A	R	D	I	N	O	P	A	R
S	A	P	O	S	M	S	I	R	E	S	L
T	P	O	D	U	I	U	G	H	C	A	C
I	E	R	N	A	O	N	C	V	O	E	O
T	U	T	I	C	S	M	O	C	R	T	R
O	M	A	G	L	I	E	T	T	A	B	T
P	A	N	T	A	L	O	N	C	I	N	I

3 Verdecke die linke Seite und vervollständige dein Glossar.

der **Basketball**	das **Skifahren** ....
die **Shorts**	.... la **maglietta**
.... la **mucca**	.... la **capra**
.... l'**indirizzo**	der **Garten** ....
das **Haus**	das **Schwein** ....
.... il **viottolo**	.... la **scarpa**
der **Brief**	das **Tennis** ....
der **Esel**	.... il **pacco**
die **Tür**	.... il **vestito**
.... il **francobollo**	die **Sandale** ....
.... la **pecora**	.... il **prato**
der **Briefkasten**	der **Volleyball** ....
schwimmen	

Geschafft? Abgehakt!

GIORNO 1

1 Lies das italienische Wort laut vor und schreibe es auf.

il **padre**
['pahdre]
der Vater

la **figlia**
['filja]
die Tochter

la **famiglia**
[fa'milja]
die Familie

il **figlio**
['filjo]
der Sohn

la **madre**
['mahdre]
die Mutter

2 Präge dir die 5 Wörter kurz ein.

3 Verdecke die linke Seite, schreibe die Wörter auf und sprich sie laut aus.

die **Tochter** ....

der **Sohn** ....

die **Mutter** ....

der **Vater** ....

die **Familie** ....

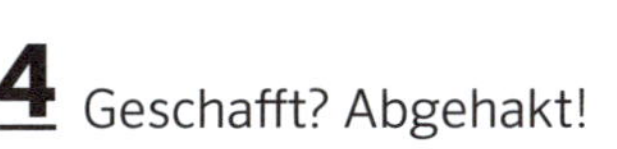

4 Geschafft? Abgehakt!

GIORNO 2

1 Lies das italienische Wort laut vor und schreibe es auf.

fare la spesa
[ˌfahre la 'spehsa]
einkaufen gehen

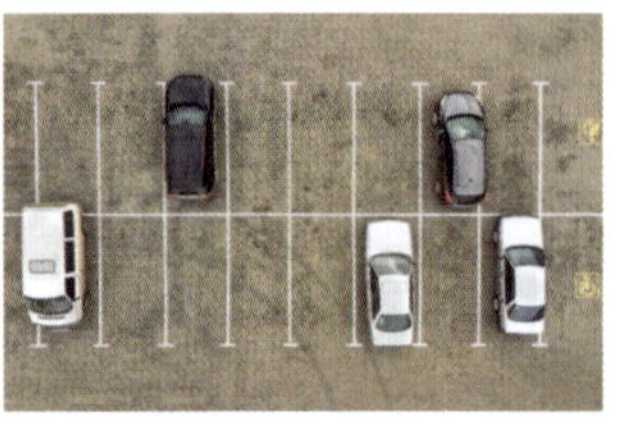

pagare
[pa'gahre]
bezahlen

il **parcheggio**
[par'keddscho]
der Parkplatz

parcheggiare
[parked'dschahre]
parken

il **supermercato**
[supermer'kahto]
der Supermarkt

2 Präge dir die 5 Wörter kurz ein.

3 Verdecke die linke Seite, schreibe die Wörter auf und sprich sie laut aus.

einkaufen gehen ....

bezahlen ....

parken ....

der **Parkplatz** ....

der **Supermarkt** ....

4 Geschafft? Abgehakt!

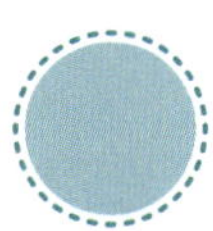

GIORNO 3

1 Lies das italienische Wort laut vor und schreibe es auf.

il **latte**
['latte]
die Milch

la **panna**
['panna]
die Sahne

il **formaggio**
[for'maddscho]
der Käse

l'**uovo**
['uohwo]
das Ei

lo **yogurt**
['johgurt]
der Joghurt

2 Präge dir die 5 Wörter kurz ein.

3 Verdecke die linke Seite, schreibe die Wörter auf und sprich sie laut aus.

die **Milch** ....

die **Sahne** ....

der **Joghurt** ....

der **Käse** ....

das **Ei** ....

4 Geschafft? Abgehakt!

GIORNO 4

1 Lies das italienische Wort laut vor und schreibe es auf.

l'**email**
[i'mäil]
die E-Mail

il **telefono**
[te'lehfono]
das Telefon

la **batteria**
[batte'rija]
der Akku

chiamare qualcuno
[kja'mahre kual'kuhno]
jemanden anrufen

parlare al telefono
[par'lahre al te'lehfono]
telefonieren

2 Präge dir die 5 Wörter kurz ein.

3 Verdecke die linke Seite, schreibe die Wörter auf und sprich sie laut aus.

die **E-Mail** ....

das **Telefon** ....

der **Akku** ....

jemanden anrufen ....

telefonieren ....

4 Geschafft? Abgehakt!

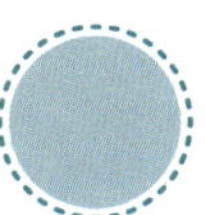

GIORNO 5

1 Lies das italienische Wort laut vor und schreibe es auf.

l'**animale domestico**
[ani'mahle do'mestiko]
das Haustier

l'**animale**
[ani'mahle]
das Tier

l'**essere umano**
[ˌessere u'mahno]
der Mensch

il **gatto**
['gatto]
die Katze

il **cane**
['kahne]
der Hund

2 Präge dir die 5 Wörter kurz ein.

3 Verdecke die linke Seite, schreibe die Wörter auf und sprich sie laut aus.

das **Haustier** ....

das **Tier** ....

der **Mensch** ....

die **Katze** ....

der **Hund** ....

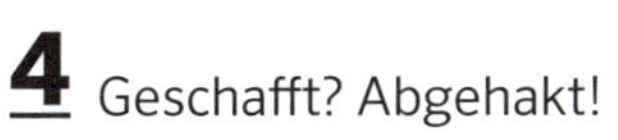

4 Geschafft? Abgehakt!

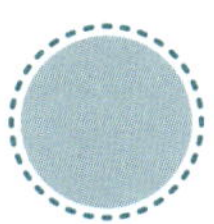

TESTE DICH! Wie viele Wörter der letzten 5 Tage kannst du noch?

1 Verbinde jedes Bild mit dem richtigen Wort.

il gatto · **pagare** · **chiamare qualcuno** · **fare la spesa** · **la batteria** · **l'essere umano** · **l'animale** · **il cane**

il parcheggio · **l'animale domestico** · **l'email** · **il telefono** · **parlare al telefono** · **il supermercato** · **parcheggiare**

2 Suche im Wortgitter die italienischen Wörter.

das **Ei**
die **Familie**
der **Joghurt**
der **Käse**
die **Milch**
die **Mutter**
die **Sahne**
der **Sohn**
die **Tochter**
der **Vater**

F	O	R	M	A	G	G	I	O
I	A	L	A	T	T	E	U	P
G	F	M	A	D	R	E	G	A
L	I	U	I	E	A	B	H	D
I	A	Y	O	G	U	R	T	R
O	P	S	M	V	L	C	O	E
P	A	N	N	A	O	I	R	O
L	D	F	I	G	L	I	A	I

3 Verdecke die linke Seite und vervollständige dein Glossar.

parken ______________	der **Supermarkt** ______________
der **Akku** ______________	das **Telefon** ______________
______________ **il cane**	das **Tier** ______________
die **Sahne** ______________	______________ il **figlio**
______________ **la figlia**	______________ l'**essere umano**
der **Vater** ______________	die **E-Mail** ______________
das **Ei** ______________	______________ il **parcheggio**
das **Haustier** ______________	der **Käse** ______________
______________ **la madre**	______________ **chiamare qualcuno**
die **Milch** ______________	**telefonieren** ______________
______________ **il gatto**	die **Familie** ______________
der **Joghurt** ______________	______________ **pagare**
______________ **fare la spesa**	Geschafft? Abgehakt!

GIORNO 1

1 Lies das italienische Wort laut vor und schreibe es auf.

la **piscina**
[pi'schiena]
der Pool

la **spiaggia**
['spjaddscha]
der Strand

le **vacanze**
[wa'kantse]
der Urlaub

la **sabbia**
['sabbja]
der Sand

il **mare**
['mahre]
das Meer

2 Präge dir die 5 Wörter kurz ein.

3 Verdecke die linke Seite, schreibe die Wörter auf und sprich sie laut aus.

der **Urlaub** ....

der **Pool** ....

der **Strand** ....

das **Meer** ....

der **Sand** ....

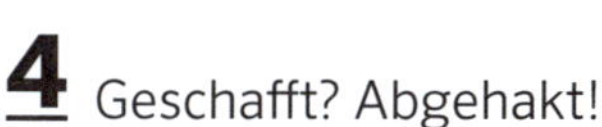

4 Geschafft? Abgehakt!

GIORNO **2**

1 Lies das italienische Wort laut vor und schreibe es auf.

la **posta**
['posta]
die Post

l'**ospedale**
[ospe'dahle]
das Krankenhaus

la **farmacia**
[farma'tschija]
die Apotheke

la **polizia**
[poli'tsia]
die Polizei

i **vigili del fuoco**
['wiedschili del ˌfuohko]
die Feuerwehr

2 Präge dir die 5 Wörter kurz ein.

3 Verdecke die linke Seite, schreibe die Wörter auf und sprich sie laut aus.

die **Post** ....

das **Krankenhaus** ....

die **Apotheke** ....

die **Polizei** ....

die **Feuerwehr** ....

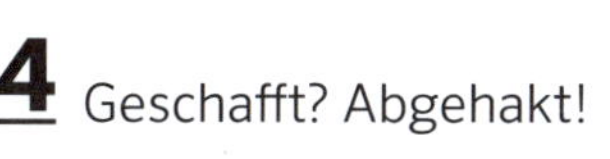

4 Geschafft? Abgehakt!

GIORNO 3

1 Lies das italienische Wort laut vor und schreibe es auf.

sorridere
[sor'riedere]
lächeln

i **genitori**
[dscheni'tohri]
die Eltern

il **neonato**
[neo'nahto]
das Baby

l'**uomo**
['uohmo]
der Mann

la **donna**
['donna]
die Frau

2 Präge dir die 5 Wörter kurz ein.

3 Verdecke die linke Seite, schreibe die Wörter auf und sprich sie laut aus.

die **Eltern** ....

das **Baby** ....

der **Mann** ....

die **Frau** ....

lächeln ....

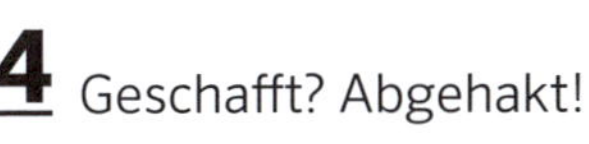

4 Geschafft? Abgehakt!

GIORNO 4

1 Lies das italienische Wort laut vor und schreibe es auf.

l'**auto**
['auto]
das Auto

---

il **casco**
['kasko]
der Helm

il **bus**
['bus]
der Bus

---

la **bicicletta**
[bitschi'kletta]
das Fahrrad

---

frenare
[fre'nahre]
bremsen

2 Präge dir die 5 Wörter kurz ein.

3 Verdecke die linke Seite, schreibe die Wörter auf und sprich sie laut aus.

das **Auto** ....

der **Bus** ....

das **Fahrrad** ....

der **Helm** ....

bremsen ....

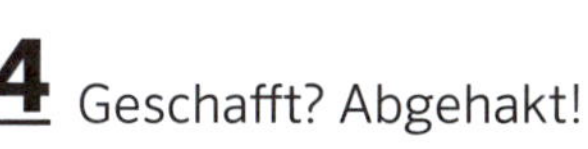

4 Geschafft? Abgehakt!

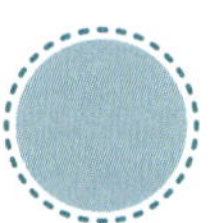

GIORNO 5

1 Lies das italienische Wort laut vor und schreibe es auf.

il **pomodoro**
[pomo'dohro]
die Tomate

---

il **pollo**
['pollo]
das Hähnchen

il **cetriolo**
[tsche'triohlo]
die Gurke

---

il **peperone**
[pepe'rohne]
der/die Paprika

---

il **fungo champignon**
['fungo 'schampinjon]
der Champignon

2 Präge dir die 5 Wörter kurz ein.

3 Verdecke die linke Seite, schreibe die Wörter auf und sprich sie laut aus.

das **Hähnchen** ....

der **Champignon** ....

der/die **Paprika** ....

die **Tomate** ....

die **Gurke** ....

4 Geschafft? Abgehakt!

TESTE DICH! Wie viele Wörter der letzten 5 Tage kannst du noch?

1 Verbinde jedes Bild mit dem richtigen Wort.

la polizia **il cetriolo** **l'uomo** **la farmacia** **frenare** **la piscina** **la posta** **i vigili del fuoco**

il neonato **la donna** **il pomodoro** **l'ospedale** **la spiaggia** **il peperone** **il casco**

2 Suche im Wortgitter die italienischen Wörter.

das **Auto**
der **Bus**
der **Champignon**
die **Eltern**
das **Fahrrad**
das **Hähnchen**
lächeln
das **Meer**
der **Sand**
der **Urlaub**

G	E	N	I	T	O	R	I	C	P	V
I	B	I	C	I	C	L	E	T	T	A
F	V	U	E	U	M	O	L	F	R	C
U	G	L	S	T	S	A	B	B	I	A
N	U	A	U	T	O	N	R	D	M	N
G	S	T	P	O	L	L	O	E	S	Z
O	E	S	O	R	R	I	D	E	R	E
C	H	A	M	P	I	G	N	O	N	D

3 Verdecke die linke Seite und vervollständige dein Glossar.

die **Apotheke**	.... i **vigili del fuoco**
das **Fahrrad**	der **Bus** ....
.... il **cetriolo**	der **Champignon** ....
.... il **neonato**	der **Pool** ....
der **Urlaub**	der/die **Paprika** ....
das **Meer**	das **Auto** ....
.... **sorridere**	die **Polizei** ....
das **Hähnchen**	.... la **donna**
der **Strand**	.... il **casco**
.... i **genitori**	**bremsen** ....
die **Tomate**	.... la **sabbia**
.... l'**uomo**	das **Krankenhaus** ....
die **Post**	

Geschafft? Abgehakt!

GIORNO 1

1 Lies das italienische Wort laut vor und schreibe es auf.

fare il bucato
[ˌfahre il bu'kahto]
die Wäsche waschen

bagnato/a
[ban'jahto/a]
nass

asciutto/a
[a'schutto/a]
trocken

sporco/a
['sporko/a]
schmutzig

pulito/a
[pu'lieto/a]
sauber

2 Präge dir die 5 Wörter kurz ein.

3 Verdecke die linke Seite, schreibe die Wörter auf und sprich sie laut aus.

die Wäsche waschen ....

nass ....

trocken ....

schmutzig ....

sauber ....

4 Geschafft? Abgehakt!

GIORNO **2**

1 Lies das italienische Wort laut vor und schreibe es auf.

oggi
['oddschi]
heute

domani
[do'mahni]
morgen

ieri
['jehri]
gestern

il **giorno**
['dschorno]
der Tag

la **settimana**
[setti'mahna]
die Woche

2 Präge dir die 5 Wörter kurz ein.

3 Verdecke die linke Seite, schreibe die Wörter auf und sprich sie laut aus.

heute ....

morgen ....

gestern ....

die **Woche** ....

der **Tag** ....

4 Geschafft? Abgehakt!

GIORNO 3

1 Lies das italienische Wort laut vor und schreibe es auf.

il **mal di gola**
[mal di 'gohla]
die Halsschmerzen

tossire
[tos'siere]
husten

il **raffreddore**
[raffred'dohre]
die Erkältung

starnutire
[starnu'tiere]
niesen

la **febbre**
['febbre]
das Fieber

2 Präge dir die 5 Wörter kurz ein.

3 Verdecke die linke Seite, schreibe die Wörter auf und sprich sie laut aus.

die **Halsschmerzen** ....

husten ....

die **Erkältung** ....

niesen ....

das **Fieber** ....

4 Geschafft? Abgehakt!

GIORNO **4**

1 Lies das italienische Wort laut vor und schreibe es auf.

il **caffè**
[kaf'fe]
der Kaffee

il **tè**
[te]
der Tee

il **cioccolato**
[tschokko'lahto]
die Schokolade

il **biscotto**
[bis'kotto]
der Keks

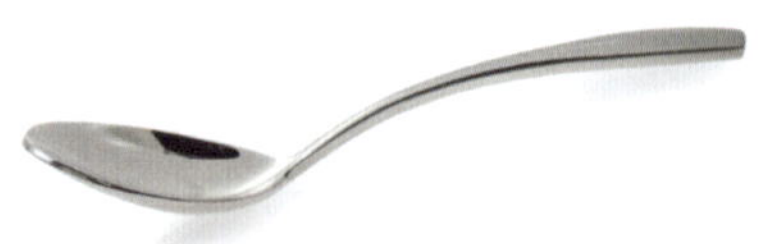

il **cucchiaio**
[kuk'kjahjo]
der Löffel

2 Präge dir die 5 Wörter kurz ein.

3 Verdecke die linke Seite, schreibe die Wörter auf und sprich sie laut aus.

der **Kaffee** ....

der **Tee** ....

die **Schokolade** ....

der **Keks** ....

der **Löffel** ....

4 Geschafft? Abgehakt!

GIORNO 5

1 Lies das italienische Wort laut vor und schreibe es auf.

la **giacca**
['dschakka]
die Jacke

la **sciarpa**
['scharpa]
der Schal

i **jeans**
['dschins]
die Jeans

l'**ombrello**
[omb'rello]
der Regenschirm

lo **stivale**
[sti'wahle]
der Stiefel

2 Präge dir die 5 Wörter kurz ein.

3 Verdecke die linke Seite, schreibe die Wörter auf und sprich sie laut aus.

die **Jacke** ....

die **Jeans** ....

der **Regenschirm** ....

der **Schal** ....

der **Stiefel** ....

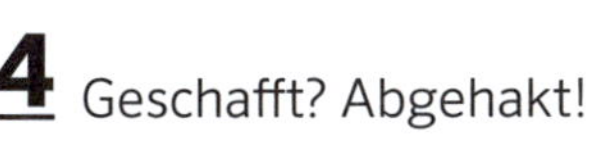

4 Geschafft? Abgehakt!

TESTE DICH ! Wie viele Wörter der letzten 5 Tage kannst du noch?

1 Verbinde jedes Bild mit dem richtigen Wort.

pulito/a **fare il bucato** **sporco/a** **il tè** **il cucchiaio** **il raffreddore** **il caffè** **il biscotto**

il mal di gola **tossire** **asciutto/a** **starnutire** **la febbre** **bagnato/a** **il cioccolato**

2 Suche im Wortgitter die italienischen Wörter.

gestern
heute
die **Jacke**
die **Jeans**
morgen
der **Regenschirm**
der **Schal**
der **Stiefel**
der **Tag**
die **Woche**

E	O	B	R	D	O	M	A	N	I
S	E	T	T	I	M	A	N	A	O
C	T	G	S	O	B	O	G	G	I
I	N	I	F	J	R	A	P	I	E
A	S	O	V	E	E	U	M	A	R
R	D	R	R	A	L	C	A	C	I
P	G	N	T	N	L	U	L	C	P
A	H	O	A	S	O	E	V	A	I

3 Verdecke die linke Seite und vervollständige dein Glossar.

gestern	der **Tag** ....
die **Schokolade**	der **Tee** ....
der **Stiefel**	die **Jeans** ....
.... **tossire**	.... **bagnato/a**
.... **fare il bucato**	.... l'**ombrello**
.... **sporco/a**	der **Kaffee** ....
das **Fieber**	die **Woche** ....
die **Jacke**	.... **starnutire**
.... **asciutto/a**	der **Keks** ....
die **Halsschmerzen**	.... il **cucchiaio**
der **Schal**	.... **pulito/a**
.... il **raffreddore**	**morgen** ....
heute	

Geschafft? Abgehakt!

GIORNO 1

1 Lies das italienische Wort laut vor und schreibe es auf.

il **palazzo**
[pa'lattso]
das Schloss

l'**albergo**
[al'bergo]
das Hotel

il **mercato**
[mer'kahto]
der Markt

il **negozio**
[ne'gottsjo]
das Geschäft

la **panetteria**
[panette'rieja]
die Bäckerei

2 Präge dir die 5 Wörter kurz ein.

3 Verdecke die linke Seite, schreibe die Wörter auf und sprich sie laut aus.

das **Schloss** ....

das **Hotel** ....

der **Markt** ....

das **Geschäft** ....

die **Bäckerei** ....

4 Geschafft? Abgehakt!

GIORNO 2

1 Lies das italienische Wort laut vor und schreibe es auf.

la **nipote**
[ni'pohte]
die Enkelin

---

la **nonna**
['nonna]
die Großmutter

il **nonno**
['nonno]
der Großvater

---

il **nipote**
[ni'pohte]
der Enkel

---

giocare
[dscho'kahre]
spielen

2 Präge dir die 5 Wörter kurz ein.

3 Verdecke die linke Seite, schreibe die Wörter auf und sprich sie laut aus.

der **Enkel** ....

die **Enkelin** ....

der **Großvater** ....

die **Großmutter** ....

spielen ....

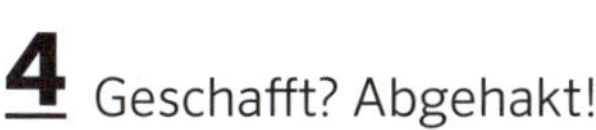
4 Geschafft? Abgehakt!

GIORNO 3

1 Lies das italienische Wort laut vor und schreibe es auf.

mangiare
[mand'schahre]
essen

dolce
['doltsche]
süß

salato/a
[sa'lahto/a]
salzig

assaporare
[assapo'rahre]
schmecken

annusare
[annu'sahre]
riechen

2 Präge dir die 5 Wörter kurz ein.

3 Verdecke die linke Seite, schreibe die Wörter auf und sprich sie laut aus.

essen ....

süß ....

salzig ....

schmecken ....

riechen ....

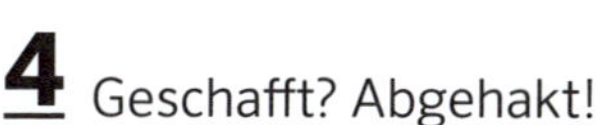

4 Geschafft? Abgehakt!

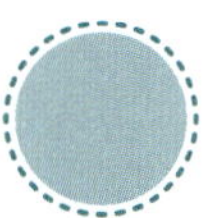

GIORNO 4

1 Lies das italienische Wort laut vor und schreibe es auf.

l'**aereo**
[a'ehreo]
das Flugzeug

l'**aeroporto**
[aero'porto]
der Flughafen

aspettare
[aspet'tahre]
warten

la **borsa**
['borsa]
die Tasche

la **valigia**
[wa'liedscha]
der Koffer

2 Präge dir die 5 Wörter kurz ein.

3 Verdecke die linke Seite, schreibe die Wörter auf und sprich sie laut aus.

der **Koffer** ....

die **Tasche** ....

warten ....

das **Flugzeug** ....

der **Flughafen** ....

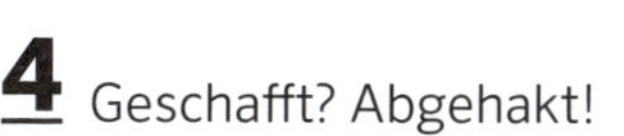

4 Geschafft? Abgehakt!

GIORNO 5

1 Lies das italienische Wort laut vor und schreibe es auf.

il **condominio**
[kondo'mienjo]
das Mehrfamilienhaus

il **primo piano**
[ˌpriemo 'pjahno]
der erste Stock

la **cantina**
[kan'tiena]
der Keller

il **pianterreno**
[pjanter'rehno]
das Erdgeschoss

le **scale**
['skahle]
die Treppe

2 Präge dir die 5 Wörter kurz ein.

3 Verdecke die linke Seite, schreibe die Wörter auf und sprich sie laut aus.

das **Mehrfamilienhaus** ....

der **Keller** ....

das **Erdgeschoss** ....

der **erste Stock** ....

die **Treppe** ....

4 Geschafft? Abgehakt!

TESTE DICH! Wie viele Wörter der letzten 5 Tage kannst du noch?

1 Verbinde jedes Bild mit dem richtigen Wort.

il mercato **salato/a** **il nipote** **dolce** **annusare** **l'albergo** **il palazzo** **la valigia**

il nonno **mangiare** **il negozio** **assaporare** **la nipote** **la panetteria** **la nonna**

2 Suche im Wortgitter die italienischen Wörter.

das **Erdgeschoss**
der **erste Stock**
der **Flughafen**
das **Flugzeug**
der **Keller**
das **Mehrfamilienhaus**
spielen
die **Tasche**
die **Treppe**
warten

A	E	R	O	P	O	R	T	O	R	P	G
P	I	A	N	T	E	R	R	E	N	O	I
B	R	P	R	I	M	O	P	I	A	N	O
O	G	A	E	R	E	O	S	F	E	V	C
R	A	E	D	N	C	A	N	T	I	N	A
S	C	A	L	E	T	C	M	A	O	L	R
A	V	U	A	S	P	E	T	T	A	R	E
C	O	N	D	O	M	I	N	I	O	S	O

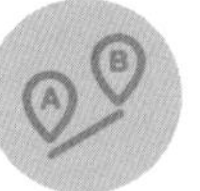

3 Verdecke die linke Seite und vervollständige dein Glossar.

______________ il **nonno**	**spielen** ______________
______________ **aspettare**	______________ la **borsa**
die **Treppe** ______________	______________ la **cantina**
süß ______________	das **Hotel** ______________
das **Schloss** ______________	das **Erdgeschoss** ______________
______________ il **negozio**	______________ la **valigia**
______________ **annusare**	die **Großmutter** ______________
das **Mehrfamilienhaus** ______________	**schmecken** ______________
der **Markt** ______________	das **Flugzeug** ______________
essen ______________	der **Flughafen** ______________
der **erste Stock** ______________	die **Bäckerei** ______________
______________ **salato/a**	______________ la **nipote**
der **Enkel** ______________	

Geschafft? Abgehakt!

GIORNO 1

1 Lies das italienische Wort laut vor und schreibe es auf.

brutto/a
['brutto/a]
hässlich

bello/a
['bello/a]
schön

corto/a
['korto/a]
kurz

lungo/a
['lungo/a]
lang

pericoloso/a
[periko'lohso/a]
gefährlich

2 Präge dir die 5 Wörter kurz ein.

3 Verdecke die linke Seite, schreibe die Wörter auf und sprich sie laut aus.

hässlich ....

schön ....

kurz ....

gefährlich ....

lang ....

4 Geschafft? Abgehakt!

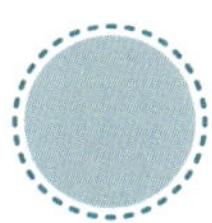

GIORNO **2**

1 Lies das italienische Wort laut vor und schreibe es auf.

la **rivista**
[ri'wista]
die Zeitschrift

il **libro**
['libro]
das Buch

la **radio**
['rahdjo]
das Radio

il **televisore**
[telewi'sohre]
der Fernseher

il **giornale**
[dschor'nahle]
die Zeitung

2 Präge dir die 5 Wörter kurz ein.

3 Verdecke die linke Seite, schreibe die Wörter auf und sprich sie laut aus.

die **Zeitschrift** ....

das **Buch** ....

das **Radio** ....

der **Fernseher** ....

die **Zeitung** ....

4 Geschafft? Abgehakt!

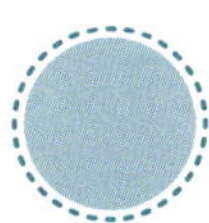

GIORNO **3**

1 Lies das italienische Wort laut vor und schreibe es auf.

il **camper**
['kamper]
das Wohnmobil

la **tenda**
['tenda]
das Zelt

la **montagna**
[mon'tanja]
der Berg

il **campeggio**
[kam'peddscho]
der Campingplatz

la **valle**
['walle]
das Tal

2 Präge dir die 5 Wörter kurz ein.

3 Verdecke die linke Seite, schreibe die Wörter auf und sprich sie laut aus.

das **Wohnmobil** ....

der **Campingplatz** ....

das **Zelt** ....

das **Tal** ....

der **Berg** ....

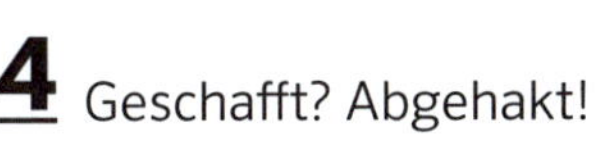

4 Geschafft? Abgehakt!

GIORNO 4

1 Lies das italienische Wort laut vor und schreibe es auf.

la **moglie**
['molje]
die Ehefrau

il **marito**
[ma'rieto]
der Ehemann

il **bambino,** la **bambina**
[bam'bieno, bam'biena]
das Kind

Signor ...
[sin'johr]
Herr ...

Signora ...
[sin'johra]
Frau ...

2 Präge dir die 5 Wörter kurz ein.

3 Verdecke die linke Seite, schreibe die Wörter auf und sprich sie laut aus.

der **Ehemann** ....

die **Ehefrau** ....

das **Kind** ....

Herr ... .

Frau ... .

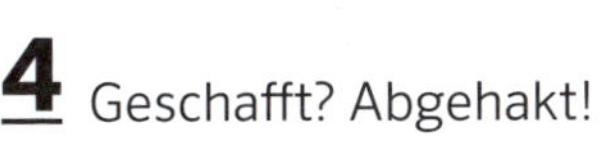

4 Geschafft? Abgehakt!

GIORNO 5

1 Lies das italienische Wort laut vor und schreibe es auf.

la **cipolla**
[tschi'polla]
die Zwiebel

la **zucca**
['dzukka]
der Kürbis

la **patata**
[pa'tahta]
die Kartoffel

l'**aglio**
['aljo]
der Knoblauch

la **carota**
[ka'rohta]
die Karotte

2 Präge dir die 5 Wörter kurz ein.

3 Verdecke die linke Seite, schreibe die Wörter auf und sprich sie laut aus.

die **Zwiebel** ....

die **Karotte** ....

die **Kartoffel** ....

der **Kürbis** ....

der **Knoblauch** ....

4 Geschafft? Abgehakt!

TESTE DICH! Wie viele Wörter der letzten 5 Tage kannst du noch?

1 Verbinde jedes Bild mit dem richtigen Wort.

l'aglio **la carota** **bello/a** **il libro** **lungo/a** **la rivista** **brutto/a** **la moglie**

pericoloso/a **la patata** **la radio** **il giornale** **il televisore** **il camper** **corto/a**

2 Suche im Wortgitter die italienischen Wörter.

der **Berg**
der **Campingplatz**
der **Ehemann**
Frau ...
Herr ...
das **Kind**
der **Kürbis**
das **Tal**
die **Zwiebel**

V	B	A	M	B	I	N	A	M	D
C	A	M	P	E	G	G	I	O	Z
I	M	L	B	N	L	F	S	N	U
P	B	I	L	S	A	E	I	T	C
O	I	A	O	E	P	M	G	A	C
L	N	T	E	N	D	A	N	G	A
L	O	M	A	R	I	T	O	N	I
A	E	S	I	G	N	O	R	A	C

3 Verdecke die linke Seite und vervollständige dein Glossar.

das **Radio** ______________	die **Zeitung** ______________
das **Kind** ______________	______________ la **moglie**
der **Knoblauch** ______________	die **Karotte** ______________
______________ il **campeggio**	**schön** ______________
______________ **brutto/a**	die **Kartoffel** ______________
gefährlich ______________	______________ il **marito**
der **Berg** ______________	der **Fernseher** ______________
______________ la **cipolla**	______________ la **valle**
kurz ______________	**Herr ...** ______________
das **Wohnmobil** ______________	**Frau ...** ______________
der **Kürbis** ______________	**lang** ______________
______________ la **tenda**	______________ il **libro**
______________ la **rivista**	

Geschafft? Abgehakt!

GIORNO 1

1 Lies das italienische Wort laut vor und schreibe es auf.

fare bricolage
[ˌfahre briko'lahsch]
basteln

leggere
['leddschere]
lesen

rilassarsi
[rilas'sarsi]
sich entspannen

fare una passeggiata
['fahre ˌuna passed'dschahta]
spazieren gehen

guardare la televisione
[guar'dahre la telewi'sjohne]
fernsehen

2 Präge dir die 5 Wörter kurz ein.

3 Verdecke die linke Seite, schreibe die Wörter auf und sprich sie laut aus.

basteln ....

lesen ....

sich **entspannen** ....

spazieren gehen ....

fernsehen ....

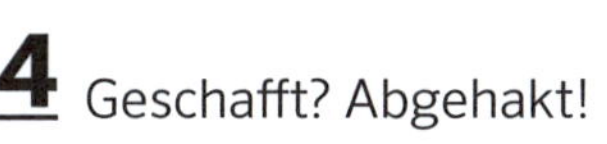

4 Geschafft? Abgehakt!

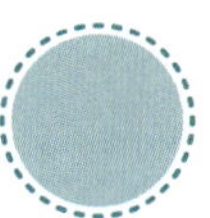

GIORNO 2

1 Lies das italienische Wort laut vor und schreibe es auf.

svegliarsi
[swel'jarsi]
aufwachen

adesso
[a'desso]
jetzt

l'**ora**
['ohra]
die Stunde

il **minuto**
[mi'nuhto]
die Minute

il **secondo**
[se'kondo]
die Sekunde

2 Präge dir die 5 Wörter kurz ein.

3 Verdecke die linke Seite, schreibe die Wörter auf und sprich sie laut aus.

aufwachen ....

jetzt ....

die **Stunde** ....

die **Minute** ....

die **Sekunde** ....

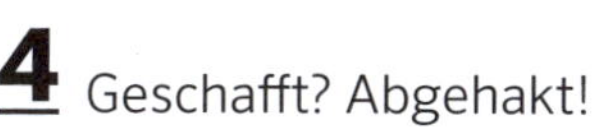

4 Geschafft? Abgehakt!

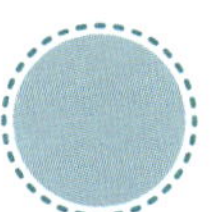

GIORNO 3

1 Lies das italienische Wort laut vor und schreibe es auf.

il **dentifricio**
[denti'frietscho]
die Zahnpasta

----

il **rubinetto**
[rubi'netto]
der Wasserhahn

il **sapone**
[sa'pohne]
die Seife

----

lo **spazzolino da denti**
[spattsoˌlieno da 'denti]
die Zahnbürste

----

il **lavandino**
[lawan'dieno]
das Waschbecken

2 Präge dir die 5 Wörter kurz ein.

3 Verdecke die linke Seite, schreibe die Wörter auf und sprich sie laut aus.

die **Zahnpasta** ....

die **Seife** ....

das **Waschbecken** ....

der **Wasserhahn** ....

die **Zahnbürste** ....

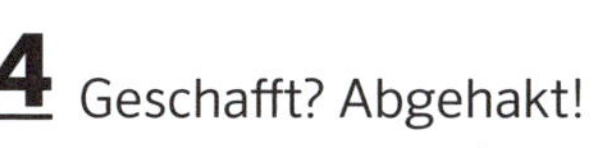

4 Geschafft? Abgehakt!

GIORNO 4

1 Lies das italienische Wort laut vor und schreibe es auf.

la **stazione di servizio**
[stat͵sjohne di ser'wietsjo]
die Tankstelle

il **gasolio**
[ga'sohljo]
der Diesel

la **benzina**
[ben'dsiena]
das Benzin

la **colonnina di ricarica**
[kolon'niena di ri'karika]
die Ladesäule

fare rifornimento
[͵fahre riforni'mento]
tanken

2 Präge dir die 5 Wörter kurz ein.

3 Verdecke die linke Seite, schreibe die Wörter auf und sprich sie laut aus.

das **Benzin** ....

der **Diesel** ....

die **Tankstelle** ....

die **Ladesäule** ....

tanken ....

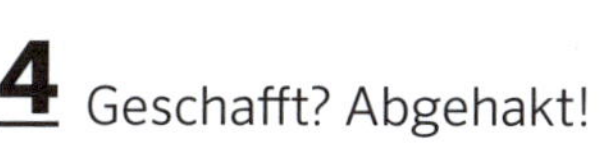

4 Geschafft? Abgehakt!

GIORNO 5

1 Lies das italienische Wort laut vor und schreibe es auf.

giovane
['dschowane]
jung

---

piccolo/a
['pikkolo/a]
klein

grande
['grande]
groß

---

anziano/a
[an'tsjahno/a]
alt

---

felice
[fe'lietsche]
glücklich

2 Präge dir die 5 Wörter kurz ein.

3 Verdecke die linke Seite, schreibe die Wörter auf und sprich sie laut aus.

jung ....

alt ....

groß ....

klein ....

glücklich ....

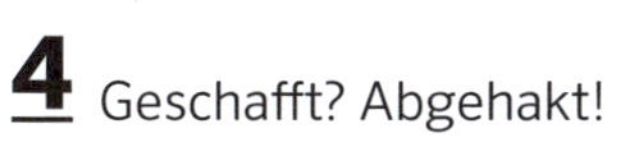

4 Geschafft? Abgehakt!

TESTE DICH! Wie viele Wörter der letzten 5 Tage kannst du noch?

1 Verbinde jedes Bild mit dem richtigen Wort.

giovane **il rubinetto** **fare rifornimento** **la stazione di servizio** **fare bricolage** **rilassarsi** **il sapone** **il gasolio**

guardare la televisione **l'ora** **il dentifricio** **leggere** **la colonnina di ricarica** **la benzina** **fare una passeggiata**

2 Suche im Wortgitter die italienischen Wörter.

aufwachen
alt
glücklich
groß
jetzt
klein
die **Minute**
die **Sekunde**
das **Waschbecken**

A	N	Z	I	A	N	O	G	R	M
S	V	E	G	L	I	A	R	S	I
F	E	L	I	C	E	B	A	E	N
P	I	C	C	O	L	O	N	C	U
N	P	E	O	I	U	A	D	S	T
U	A	G	H	N	M	T	E	L	O
L	A	V	A	N	D	I	N	O	F
V	A	D	E	S	S	O	S	I	D

3 Verdecke die linke Seite und vervollständige dein Glossar.

die **Stunde**	die **Sekunde** ....
die **Tankstelle**	der **Diesel** ....
.... **felice**	.... **anziano/a**
die **Seife**	.... **leggere**
.... **fare bricolage**	**groß** ....
spazieren gehen	das **Benzin** ....
die **Zahnbürste**	die **Minute** ....
.... **giovane**	.... il **rubinetto**
sich entspannen	.... la **colonnina di ricarica**
die **Zahnpasta**	**tanken** ....
klein	**fernsehen** ....
.... il **lavandino**	**jetzt** ....
.... **svegliarsi**	Geschafft? Abgehakt!

GIORNO 1

1 Lies das italienische Wort laut vor und schreibe es auf.

la **banca**
['banka]
die Bank

il **bancomat**
['bankomat]
der Geldautomat

i **soldi**
['soldi]
das Geld

la **carta bancaria**
[ˌkarta ban'karija]
die Bankkarte

la **cassa**
['kassa]
die Kasse

2 Präge dir die 5 Wörter kurz ein.

3 Verdecke die linke Seite, schreibe die Wörter auf und sprich sie laut aus.

die **Bank** ....

der **Geldautomat** ....

das **Geld** ....

die **Bankkarte** ....

die **Kasse** ....

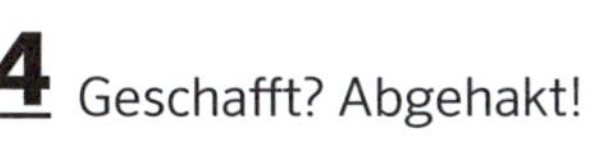

4 Geschafft? Abgehakt!

GIORNO **2**

1 Lies das italienische Wort laut vor und schreibe es auf.

l’**aceto**
['tschehto]
der Essig

l’**olio**
['ohljo]
das Öl

il **sale**
['sahle]
das Salz

il **pepe**
['pehpe]
der Pfeffer

le **erbe**
['erbe]
die Kräuter

2 Präge dir die 5 Wörter kurz ein.

3 Verdecke die linke Seite, schreibe die Wörter auf und sprich sie laut aus.

der **Essig** ....

das **Öl** ....

das **Salz** ....

der **Pfeffer** ....

die **Kräuter** ....

4 Geschafft? Abgehakt!

GIORNO 3

1 Lies das italienische Wort laut vor und schreibe es auf.

Ciao!
['tschao]
Hallo!

Ciao!
['tschao]
Tschüss!

Grazie!
['gratsje]
Danke!

abbracciarsi
[abbrat'tscharsi]
sich umarmen

Perdono!
[per'dohno]
Entschuldigung!

2 Präge dir die 5 Wörter kurz ein.

3 Verdecke die linke Seite, schreibe die Wörter auf und sprich sie laut aus.

Hallo! ....

Tschüss! ....

Danke! ....

sich **umarmen** ....

Entschuldigung! ....

4 Geschafft? Abgehakt!

GIORNO 4

1 Lies das italienische Wort laut vor und schreibe es auf.

la **pelle**
['pelle]
die Haut

----

il **pollice**
['pollitsche]
der Daumen

----

il **dito**
['dieto]
der Finger

sanguinare
[sangui'nahre]
bluten

----

il **sangue**
['sangue]
das Blut

2 Präge dir die 5 Wörter kurz ein.

3 Verdecke die linke Seite, schreibe die Wörter auf und sprich sie laut aus.

die **Haut** ....

der **Daumen** ....

der **Finger** ....

das **Blut** ....

bluten ....

4 Geschafft? Abgehakt!

GIORNO 5

1 Lies das italienische Wort laut vor und schreibe es auf.

guidare
[gui'dahre]
fahren

salire
[sa'liere]
einsteigen

scendere
['schendere]
aussteigen

cambiare
[kam'bjahre]
umsteigen

viaggiare in aereo
[wjad'dschahre in a'ehreo]
fliegen

2 Präge dir die 5 Wörter kurz ein.

3 Verdecke die linke Seite, schreibe die Wörter auf und sprich sie laut aus.

fahren ....

einsteigen ....

aussteigen ....

umsteigen ....

fliegen ....

4 Geschafft? Abgehakt!

TESTE DICH! Wie viele Wörter der letzten 5 Tage kannst du noch?

1 Verbinde jedes Bild mit dem richtigen Wort.

abbracciarsi **Ciao!** **i soldi** **salire** **la banca** **guidare** **Perdono!** **viaggiare in aereo**

cambiare **Ciao!** **scendere** **la carta bancaria** **Grazie!** **il bancomat** **la cassa**

2 Suche im Wortgitter die italienischen Wörter.

das **Blut**
bluten
der **Daumen**
der **Essig**
der **Finger**
die **Haut**
die **Kräuter**
das **Öl**
der **Pfeffer**
das **Salz**

B	O	E	D	I	T	O	P	M	F
S	A	N	G	U	I	N	A	R	E
A	A	C	E	T	O	R	D	T	R
L	I	N	L	C	S	L	G	H	B
E	P	T	G	A	O	P	I	R	E
I	O	E	U	U	U	N	E	O	M
P	P	E	L	L	E	L	R	P	C
A	V	S	P	O	L	L	I	C	E

3 Verdecke die linke Seite und vervollständige dein Glossar.

das **Salz** ______	______ le **erbe**
______ il **dito**	______ il **pollice**
fliegen ______	**einsteigen** ______
Tschüss! ______	der **Geldautomat** ______
die **Bank** ______	______ **scendere**
die **Bankkarte** ______	die **Haut** ______
Entschuldigung! ______	______ il **pepe**
______ **guidare**	sich **umarmen** ______
______ i **soldi**	______ il **sangue**
______ **Ciao!**	**bluten** ______
umsteigen ______	die **Kasse** ______
Danke! ______	das **Öl** ______
der **Essig** ______	

Geschafft? Abgehakt!

GIORNO 1

1 Lies das italienische Wort laut vor und schreibe es auf.

non udente
[non u'dente]
gehörlos

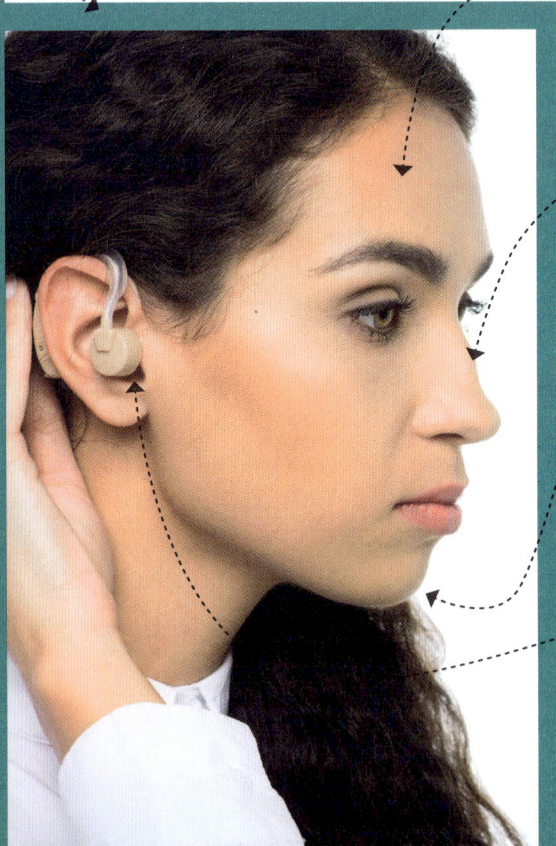

la **fronte**
['fronte]
die Stirn

---

il **naso**
['nahso]
die Nase

---

il **mento**
['mento]
das Kinn

---

l'**apparecchio acustico**
[appa͵rekkjo a'kustiko]
das Hörgerät

2 Präge dir die 5 Wörter kurz ein.

3 Verdecke die linke Seite, schreibe die Wörter auf und sprich sie laut aus.

die **Stirn** ....

die **Nase** ....

das **Kinn** ....

das **Hörgerät** ....

gehörlos ....

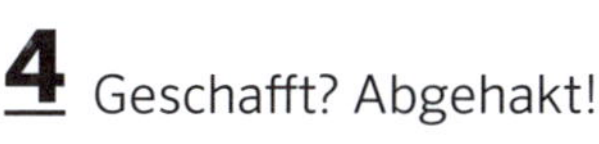

4 Geschafft? Abgehakt!

GIORNO **2**

1 Lies das italienische Wort laut vor und schreibe es auf.

il **burro**
['burro]
die Butter

il **panino**
[pa'nieno]
das Brötchen

il **miele**
['mjehle]
der Honig

il **pane**
['pahne]
das Brot

la **marmellata**
[marmel'lahta]
die Marmelade

2 Präge dir die 5 Wörter kurz ein.

3 Verdecke die linke Seite, schreibe die Wörter auf und sprich sie laut aus.

die **Butter** ....

das **Brötchen** ....

der **Honig** ....

das **Brot** ....

die **Marmelade** ....

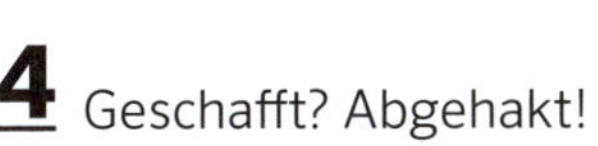

4 Geschafft? Abgehakt!

GIORNO 3

1 Lies das italienische Wort laut vor und schreibe es auf.

il **braccio**
['brattscho]
der Arm

----

la **testa**
['testa]
der Kopf

il **petto**
['petto]
die Brust

----

il **ginocchio**
[dschi'nokkjo]
das Knie

----

il **piede**
['pjede]
der Fuß

2 Präge dir die 5 Wörter kurz ein.

3 Verdecke die linke Seite, schreibe die Wörter auf und sprich sie laut aus.

der **Kopf** ....

das **Knie** ....

der **Fuß** ....

die **Brust** ....

der **Arm** ....

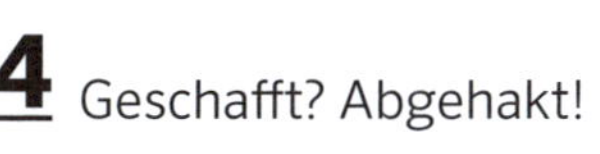

4 Geschafft? Abgehakt!

GIORNO **4**

1 Lies das italienische Wort laut vor und schreibe es auf.

il **serpente**
[ser'pente]
die Schlange

l'**orso**
['orso]
der Bär

il **cavallo**
[ka'wallo]
das Pferd

l'**uccello**
[ut'tschello]
der Vogel

il **ragno**
['ranjo]
die Spinne

2 Präge dir die 5 Wörter kurz ein.

3 Verdecke die linke Seite, schreibe die Wörter auf und sprich sie laut aus.

die **Schlange** ....

der **Bär** ....

das **Pferd** ....

der **Vogel** ....

die **Spinne** ....

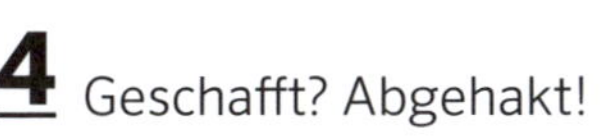

4 Geschafft? Abgehakt!

GIORNO 5

1 Lies das italienische Wort laut vor und schreibe es auf.

la **primavera**
[prima'wehra]
der Frühling

l'**estate**
[es'tahte]
der Sommer

l'**anno**
['anno]
das Jahr

l'**autunno**
[au'tunno]
der Herbst

l'**inverno**
[in'werno]
der Winter

2 Präge dir die 5 Wörter kurz ein.

3 Verdecke die linke Seite, schreibe die Wörter auf und sprich sie laut aus.

der **Frühling** ....

der **Sommer** ....

der **Herbst** ....

der **Winter** ....

das **Jahr** ....

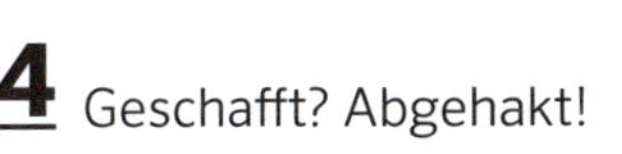

TESTE DICH! Wie viele Wörter der letzten 5 Tage kannst du noch?

1 Verbinde jedes Bild mit dem richtigen Wort.

il burro **il miele** **la testa** **l'apparecchio acustico** **il ragno** **il braccio** **il pane** **il naso**

l'orso **la marmellata** **il cavallo** **il serpente** **il panino** **l'uccello** **il piede**

2 Suche im Wortgitter die italienischen Wörter.

die **Brust**
der **Frühling**
gehörlos
der **Herbst**
das **Jahr**
das **Kinn**
das **Knie**
der **Sommer**
die **Stirn**
der **Winter**

S	A	B	I	P	U	E	R	C	M
N	O	N	U	D	E	N	T	E	A
F	R	O	N	T	E	T	O	S	U
M	E	N	T	O	D	A	T	L	T
P	F	I	N	V	E	R	N	O	U
A	E	S	T	A	T	E	G	H	N
P	R	I	M	A	V	E	R	A	N
O	G	I	N	O	C	C	H	I	O

3 Verdecke die linke Seite und vervollständige dein Glossar.

der **Honig** ______________	die **Marmelade** ______________
das **Pferd** ______________	______________ l'**orso**
das **Jahr** ______________	______________ l'**estate**
______________ il **ginocchio**	die **Nase** ______________
______________ la **fronte**	der **Herbst** ______________
das **Hörgerät** ______________	die **Schlange** ______________
______________ il **braccio**	das **Brot** ______________
der **Frühling** ______________	______________ il **petto**
das **Kinn** ______________	______________ l'**uccello**
______________ la **testa**	______________ il **ragno**
der **Winter** ______________	**gehörlos** ______________
der **Fuß** ______________	das **Brötchen** ______________
die **Butter** ______________	Geschafft? Abgehakt!

GIORNO 1

1 Lies das italienische Wort laut vor und schreibe es auf.

il **dottore,** la **dottoressa**
[dot'tohre, dotto'ressa]
der Arzt, die Ärztin

il/la **paziente**
[pa'tsjente]
der Patient, die Patientin

l'**appuntamento**
[appunta'mento]
der Termin

la **vaccinazione**
[wattschina'tsjohne]
die Impfung

incinta
[in'tschinta]
schwanger

2 Präge dir die 5 Wörter kurz ein.

3 Verdecke die linke Seite, schreibe die Wörter auf und sprich sie laut aus.

der **Arzt,** die **Ärztin** ....

schwanger ....

die **Impfung** ....

der **Patient,** die **Patientin** ....

der **Termin** ....

4 Geschafft? Abgehakt!

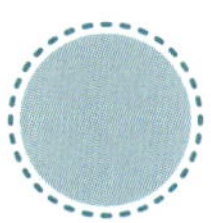

GIORNO 2

1 Lies das italienische Wort laut vor und schreibe es auf.

stirare
[sti'rahre]
bügeln

il **bidone della spazzatura**
[bi'dohne ˌdella spattsa'tuhra]
der Mülleimer

pulire
[pu'liere]
putzen

passare l'aspirapolvere
[pas'sahre laspira'polwere]
Staub saugen

la **pausa**
['pausa]
die Pause

2 Präge dir die 5 Wörter kurz ein.

3 Verdecke die linke Seite, schreibe die Wörter auf und sprich sie laut aus.

der **Mülleimer** ....

bügeln ....

putzen ....

Staub saugen ....

die **Pause** ....

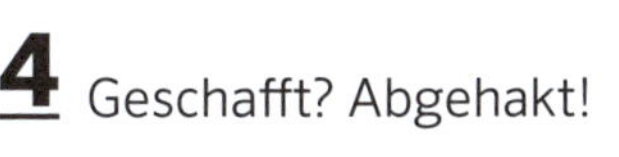

4 Geschafft? Abgehakt!

GIORNO 3

1 Lies das italienische Wort laut vor und schreibe es auf.

il **fiume**
['fjuhme]
der Fluss

il **parco**
['parko]
der Park

l'**università**
[uniwersi'ta]
die Universität

la **scuola**
[sku'ohla]
die Schule

l'**asilo**
[a'sielo]
der Kindergarten

2 Präge dir die 5 Wörter kurz ein.

3 Verdecke die linke Seite, schreibe die Wörter auf und sprich sie laut aus.

der **Fluss** ....

der **Park** ....

die **Universität** ....

die **Schule** ....

der **Kindergarten** ....

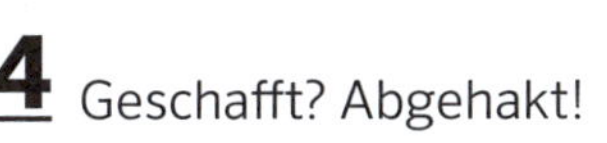

4 Geschafft? Abgehakt!

GIORNO 4

1 Lies das italienische Wort laut vor und schreibe es auf.

il **bambino**
[bam'bieno]
der Junge

---

la **sorella**
[sor'rella]
die Schwester

la **bambina**
[bam'biena]
das Mädchen

---

il **fratello**
[fra'tello]
der Bruder

---

i **fratelli e sorelle**
[fra'telli e so'relle]
die Geschwister

2 Präge dir die 5 Wörter kurz ein.

3 Verdecke die linke Seite, schreibe die Wörter auf und sprich sie laut aus.

die **Schwester** ....

der **Bruder** ....

der **Junge** ....

das **Mädchen** ....

die **Geschwister** ....

4 Geschafft? Abgehakt!

GIORNO 5

1 Lies das italienische Wort laut vor und schreibe es auf.

la **palla**
['palla]
der Ball

----

il **calcio**
['kaltscho]
der Fußball

correre
['korrere]
laufen

----

la **porta**
['porta]
das Tor

----

saltare
[sal'tahre]
springen

2 Präge dir die 5 Wörter kurz ein.

3 Verdecke die linke Seite, schreibe die Wörter auf und sprich sie laut aus.

laufen ....

springen ....

der **Ball** ....

der **Fußball** ....

das **Tor** ....

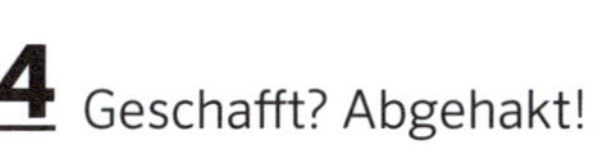

4 Geschafft? Abgehakt!

TESTE DICH! Wie viele Wörter der letzten 5 Tage kannst du noch?

1 Verbinde jedes Bild mit dem richtigen Wort.

la sorella **la pausa** **passare l'aspirapolvere** **pulire** **l'università** **il fiume** **l'asilo** **la scuola**

la vaccinazione **il bidone della spazzatura** **il parco** **il dottore, la dottoressa** **il fratello** **la palla** **stirare**

2 Suche im Wortgitter die italienischen Wörter.

der **Fußball**
der **Junge**
laufen
das **Mädchen**
der **Patient**, die **Patientin**
schwanger
springen
der **Termin**
das **Tor**

B	P	O	R	T	A	N	O	F	C	I	L
E	S	A	L	T	A	R	E	T	S	T	B
U	L	A	Z	I	B	A	M	B	I	N	A
C	A	L	C	I	O	D	U	M	A	V	M
O	C	O	R	R	E	R	E	C	G	E	B
A	I	L	R	E	O	N	R	B	H	O	I
P	S	I	N	C	I	N	T	A	N	P	N
A	P	P	U	N	T	A	M	E	N	T	O

3 Verdecke die linke Seite und vervollständige dein Glossar.

der **Arzt,** die **Ärztin** ________________	die **Pause** ________________
________________ **pulire**	________________ il **fratello**
der **Junge** ________________	**springen** ________________
das **Tor** ________________	________________ **incinta**
der **Park** ________________	der **Ball** ________________
der/die **Patient/-in** ________________	die **Schwester** ________________
________________ l'**asilo**	**Staub saugen** ________________
________________ **correre**	die **Schule** ________________
die **Impfung** ________________	________________ la **bambina**
der **Fluss** ________________	die **Geschwister** ________________
der **Fußball** ________________	________________ l'**appuntamento**
die **Universität** ________________	________________ **stirare**
__________ il **bidone della spazzatura**	Geschafft? Abgehakt!

GIORNO 1

1 Lies das italienische Wort laut vor und schreibe es auf.

la **compressa**
[kom'pressa]
die Tablette

----

il **kit di pronto soccorso**
[kit di ˌpronto sok'korso]
der Erste-Hilfe-Kasten

il **cerotto**
[tsche'rotto]
das Pflaster

----

la **fasciatura**
[fascha'tuhra]
die Bandage

----

il **medicinale**
[meditschi'nahle]
das Medikament

2 Präge dir die 5 Wörter kurz ein.

3 Verdecke die linke Seite, schreibe die Wörter auf und sprich sie laut aus.

die **Tablette** ....

das **Medikament** ....

der **Erste-Hilfe-Kasten** ....

das **Pflaster** ....

die **Bandage** ....

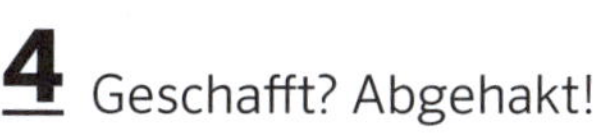

4 Geschafft? Abgehakt!

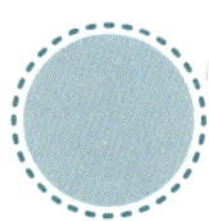

GIORNO **2**

1 Lies das italienische Wort laut vor und schreibe es auf.

economico/a
[eko'nohmiko/a]
billig

costoso/a
[ko'stohso/a]
teuer

il **ristorante**
[risto'rante]
das Restaurant

vietato/a
[wje'tahto/a]
verboten

fumare
[fu'mahre]
rauchen

2 Präge dir die 5 Wörter kurz ein.

3 Verdecke die linke Seite, schreibe die Wörter auf und sprich sie laut aus.

billig ....

teuer ....

das **Restaurant** ....

verboten ....

rauchen ....

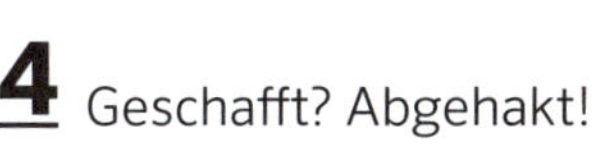
4 Geschafft? Abgehakt!

GIORNO 3

1 Lies das italienische Wort laut vor und schreibe es auf.

il **monitor**
['monitor]
der Bildschirm

---

le **cuffie**
['kuffje]
der Kopfhörer

il **cellulare**
[tschellu'lahre]
das Handy

---

il **mouse**
['maus]
die Maus

---

la **tastiera**
[tas'tjehra]
die Tastatur

2 Präge dir die 5 Wörter kurz ein.

3 Verdecke die linke Seite, schreibe die Wörter auf und sprich sie laut aus.

der **Bildschirm** ....

der **Kopfhörer** ....

die **Maus** ....

die **Tastatur** ....

das **Handy** ....

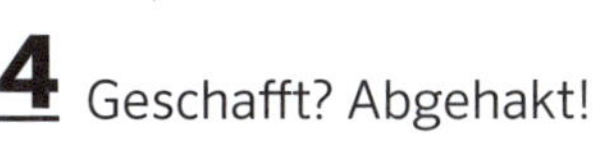

4 Geschafft? Abgehakt!

GIORNO 4

1 Lies das italienische Wort laut vor und schreibe es auf.

i **fagioli**
[fa'dschohli]
die Bohnen

le **lenticchie**
[len'tikkje]
die Linsen

---

le **noci**
['nohtschi]
die Nüsse

la **farina**
[fa'riena]
das Mehl

lo **zucchero**
['dzukkero]
der Zucker

2 Präge dir die 5 Wörter kurz ein.

3 Verdecke die linke Seite, schreibe die Wörter auf und sprich sie laut aus.

die **Bohnen** ....

die **Linsen** ....

die **Nüsse** ....

das **Mehl** ....

der **Zucker** ....

4 Geschafft? Abgehakt!

GIORNO 5

1 Lies das italienische Wort laut vor und schreibe es auf.

il **treno**
['trehno]
der Zug

l'**orologio**
[oro'lohdscho]
die Uhr

la **galleria**
[galle'rieja]
der Tunnel

il **binario**
[bi'nahrjo]
der Bahnsteig

le **scale mobili**
[ˌskahle 'mohbili]
die Rolltreppe

2 Präge dir die 5 Wörter kurz ein.

3 Verdecke die linke Seite, schreibe die Wörter auf und sprich sie laut aus.

die **Uhr** ....

der **Tunnel** ....

der **Zug** ....

der **Bahnsteig** ....

die **Rolltreppe** ....

TESTE DICH! Wie viele Wörter der letzten 5 Tage kannst du noch?

1 Verbinde jedes Bild mit dem richtigen Wort.

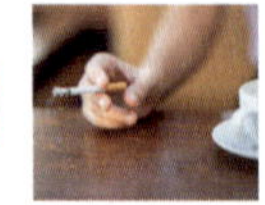

economico/a **lo zucchero** **le noci** **la tastiera** **la farina** **costoso/a** **l'orologio** **il mouse**

la fasciatura **i fagioli** **la compressa** **le lenticchie** **fumare** **vietato/a** **il ristorante**

2 Suche im Wortgitter die italienischen Wörter.

der **Bahnsteig**
der **Bildschirm**
das **Handy**
der **Kopfhörer**
das **Medikament**
das **Pflaster**
die **Rolltreppe**
der **Tunnel**
der **Zug**

A	M	E	D	I	C	I	N	A	L	E
C	E	L	L	U	L	A	R	E	C	N
F	U	G	A	L	L	E	R	I	A	T
L	I	F	B	I	N	A	R	I	O	R
A	T	P	F	O	D	G	H	B	E	E
S	M	O	N	I	T	O	R	M	O	N
I	O	R	E	C	E	R	O	T	T	O
S	C	A	L	E	M	O	B	I	L	I

3 Verdecke die linke Seite und vervollständige dein Glossar.

das **Restaurant**	.... **fumare**
die **Nüsse**	die **Linsen** ....
.... le **scale mobili**	.... **la galleria**
.... le **cuffie**	das **Medikament** ....
die **Tablette**	der **Zug** ....
.... il **cerotto**	die **Bohnen** ....
das **Handy**	.... **vietato/a**
die **Uhr**	die **Tastatur** ....
der **Erste-Hilfe-Kasten**	.... la **farina**
der **Bildschirm**	der **Zucker** ....
.... il **binario**	die **Bandage** ....
die **Maus**	.... **costoso/a**
billig	Geschafft? Abgehakt!

GIORNO 1

1 Lies das italienische Wort laut vor und schreibe es auf.

ricevere
[ri'tschehwere]
bekommen

---

il **regalo**
[re'gahlo]
das Geschenk

dare
['dahre]
geben

---

l'**amico**, l'**amica**
[a'mieko, a'mieka]
der Freund, die Freundin

---

la **sedia a rotelle**
[ˌsedhja a ro'telle]
der Rollstuhl

2 Präge dir die 5 Wörter kurz ein.

3 Verdecke die linke Seite, schreibe die Wörter auf und sprich sie laut aus.

bekommen ....

geben ....

der **Freund,** die **Freundin** ....

das **Geschenk** ....

der **Rollstuhl** ....

4 Geschafft? Abgehakt!

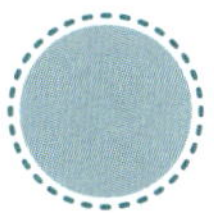

GIORNO **2**

1 Lies das italienische Wort laut vor und schreibe es auf.

la **notte**
['notte]
die Nacht

il **mattino**
[mat'tieno]
der Morgen

il **mezzogiorno**
[meddzo'dschorno]
der Mittag

il **pomeriggio**
[pome'riddscho]
der Nachmittag

la **sera**
['sehra]
der Abend

2 Präge dir die 5 Wörter kurz ein.

3 Verdecke die linke Seite, schreibe die Wörter auf und sprich sie laut aus.

die **Nacht** ....

der **Morgen** ....

der **Mittag** ....

der **Nachmittag** ....

der **Abend** ....

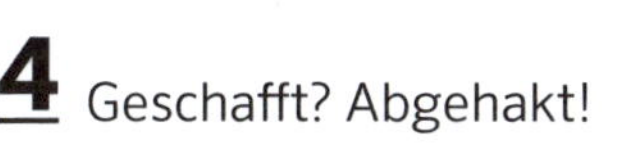

4 Geschafft? Abgehakt!

GIORNO 3

1 Lies das italienische Wort laut vor und schreibe es auf.

il **cuscino**
[ku'schieno]
das Kopfkissen

---

il **letto**
['letto]
das Bett

il **cassetto**
[kas'setto]
die Schublade

---

la **coperta**
[ko'perta]
die Bettdecke

---

la **cassettiera**
[kasset'tjehra]
die Kommode

2 Präge dir die 5 Wörter kurz ein.

3 Verdecke die linke Seite, schreibe die Wörter auf und sprich sie laut aus.

die **Schublade** ....

das **Bett** ....

das **Kopfkissen** ....

die **Bettdecke** ....

die **Kommode** ....

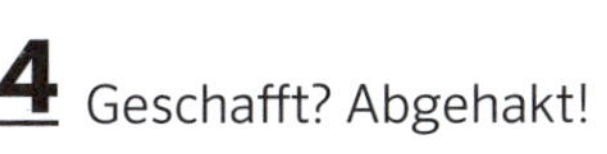

4 Geschafft? Abgehakt!

GIORNO 4

1 Lies das italienische Wort laut vor und schreibe es auf.

il **gomito**
['gohmito]
der Ellbogen

----

la **spalla**
['spalla]
die Schulter

la **mano**
['mahno]
die Hand

----

l'**addome**
[ad'dohme]
der Bauch

----

la **gamba**
['gamba]
das Bein

2 Präge dir die 5 Wörter kurz ein.

3 Verdecke die linke Seite, schreibe die Wörter auf und sprich sie laut aus.

der **Bauch** ....

das **Bein** ....

die **Schulter** ....

der **Ellbogen** ....

die **Hand** ....

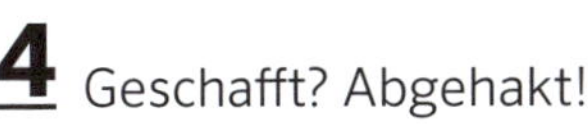

4 Geschafft? Abgehakt!

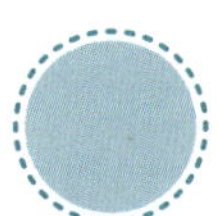

GIORNO 5

1 Lies das italienische Wort laut vor und schreibe es auf.

aprire
[a'priere]
öffnen

chiudere
['kjuhdere]
schließen

il **sedile**
[se'diele]
der Sitz

decollare
[dekol'lahre]
starten

atterrare
[atter'rahre]
landen

2 Präge dir die 5 Wörter kurz ein.

3 Verdecke die linke Seite, schreibe die Wörter auf und sprich sie laut aus.

öffnen ....

schließen ....

der **Sitz** ....

starten ....

landen ....

4 Geschafft? Abgehakt!

TESTE DICH! Wie viele Wörter der letzten 5 Tage kannst du noch?

1 Verbinde jedes Bild mit dem richtigen Wort.

il mattino **atterrare** **il cuscino** **il regalo** **la cassettiera** **la notte** **la mano** **il sedile**

il mezzogiorno **aprire** **il gomito** **decollare** **chiudere** **la sera** **il pomeriggio**

2 Suche im Wortgitter die italienischen Wörter.

der **Bauch**
das **Bein**
bekommen
das **Bett**
die **Bettdecke**
der **Freund**,
die **Freundin**
geben
der **Rollstuhl**
die **Schublade**
die **Schulter**

D	C	O	P	E	R	T	A	L	E	T	T	O
S	P	A	L	L	A	I	F	M	U	I	V	P
G	A	M	B	A	R	M	C	N	I	U	A	I
M	G	H	P	L	D	B	I	E	L	C	S	R
A	N	S	E	O	S	D	E	C	V	H	A	D
C	A	S	S	E	T	T	O	S	O	E	V	A
I	R	N	U	C	R	O	M	M	T	O	R	R
S	E	D	I	A	A	R	O	T	E	L	L	E

3 Verdecke die linke Seite und vervollständige dein Glossar.

der **Mittag**	der **Abend** ....
.... la **spalla**	.... **gamba**
landen	**schließen** ....
das **Bett**	**geben** ....
.... **ricevere**	der **Sitz** ....
das **Geschenk**	.... l'**addome**
.... la **cassettiera**	der **Nachmittag** ....
öffnen	die **Bettdecke** ....
der/die **Freund/-in**	.... il **gomito**
die **Schublade**	die **Hand** ....
.... **decollare**	der **Rollstuhl** ....
.... il **cuscino**	.... il **mattino**
die **Nacht**	

Geschafft? Abgehakt!

GIORNO 1

1 Lies das italienische Wort laut vor und schreibe es auf.

dormire
[dor'miere]
schlafen

alzarsi
[al'dzarsi]
aufstehen

la **scrivania**
[skriwa'nieja]
der Schreibtisch

lavorare
[lawo'rahre]
arbeiten

il **fine settimana**
[ˌfine setti'mahna]
das Wochenende

2 Präge dir die 5 Wörter kurz ein.

3 Verdecke die linke Seite, schreibe die Wörter auf und sprich sie laut aus.

schlafen ....

aufstehen ....

der **Schreibtisch** ....

arbeiten ....

das **Wochenende** ....

4 Geschafft? Abgehakt!

GIORNO 2

1 Lies das italienische Wort laut vor und schreibe es auf.

il **sole**
['sohle]
die Sonne

la **luna**
['luhna]
der Mond

la **stella**
['stella]
der Stern

presto
['presto]
früh

tardi
['tardi]
spät

2 Präge dir die 5 Wörter kurz ein.

3 Verdecke die linke Seite, schreibe die Wörter auf und sprich sie laut aus.

die **Sonne** ....

der **Mond** ....

der **Stern** ....

früh ....

spät ....

4 Geschafft? Abgehakt!

GIORNO 3

1 Lies das italienische Wort laut vor und schreibe es auf.

il **cameriere,** la **cameriera**
[kame'rjehre, kame'rjehra]
der Kellner, die Kellnerin

ordinare
[ordi'nahre]
bestellen

la **birra**
['birra]
das Bier

la **cola**®
['kohla]
die/das Cola

il **menu**
[me'nu]
die Speisekarte

2 Präge dir die 5 Wörter kurz ein.

3 Verdecke die linke Seite, schreibe die Wörter auf und sprich sie laut aus.

die/das **Cola** ....

das **Bier** ....

bestellen ....

der/die **Kellner/-in** ....

die **Speisekarte** ....

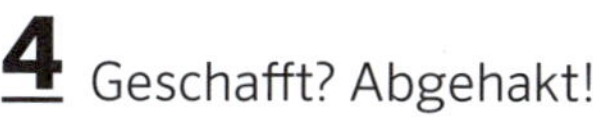

4 Geschafft? Abgehakt!

GIORNO 4

1 Lies das italienische Wort laut vor und schreibe es auf.

la **camicia**
[ka'mietscha]
das Hemd

il **pullover**
[pul'lohwer]
der Pullover

il **cappello**
[kap'pello]
der Hut

il **bastone da passeggio**
[bas'tohne da pas'seddscho]
der Gehstock

il **calzino**
[kal'dzieno]
die Socke

2 Präge dir die 5 Wörter kurz ein.

3 Verdecke die linke Seite, schreibe die Wörter auf und sprich sie laut aus.

der **Pullover** ....

das **Hemd** ....

der **Hut** ....

der **Gehstock** ....

die **Socke** ....

4 Geschafft? Abgehakt!

GIORNO **5**

1 Lies das italienische Wort laut vor und schreibe es auf.

la **rotonda**
[ro'tonda]
der Kreisverkehr

l'**autostrada**
[auto'strahda]
die Autobahn

l'**incrocio**
[in'krohtscho]
die Kreuzung

il **tram**
[tram]
die Straßenbahn

la **metropolitana**
[metropoli'tahna]
die U-Bahn

2 Präge dir die 5 Wörter kurz ein.

3 Verdecke die linke Seite, schreibe die Wörter auf und sprich sie laut aus.

der **Kreisverkehr** ....

die **Autobahn** ....

die **Kreuzung** ....

die **Straßenbahn** ....

die **U-Bahn** ....

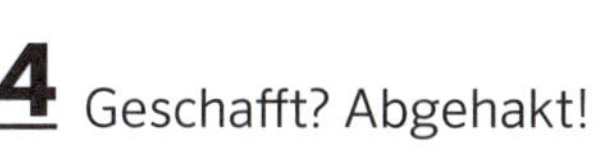

TESTE DICH! Wie viele Wörter der letzten 5 Tage kannst du noch?

1 Verbinde jedes Bild mit dem richtigen Wort.

dormire **il tram** **presto** **il fine settimana** **tardi** **la stella** **alzarsi** **la rotonda**

lavorare **l'autostrada** **la luna** **la metropolitana** **l'incrocio** **il sole** **la scrivania**

2 Suche im Wortgitter die italienischen Wörter.

bestellen
das **Bier**
die/das **Cola**
das **Hemd**
der **Hut**
die **Kellnerin**
der **Pullover**
die **Socke**
die **Speisekarte**

C	A	P	P	E	L	L	O	P	I
C	A	M	I	C	I	A	R	U	A
O	P	L	D	B	F	C	D	L	O
L	E	B	Z	O	M	E	I	L	L
A	O	I	G	I	E	L	N	O	M
I	C	R	A	H	N	D	A	V	B
N	F	R	M	I	U	O	R	E	E
A	C	A	M	E	R	I	E	R	A

3 Verdecke die linke Seite und vervollständige dein Glossar.

der **Stern**	**spät** ....
.... il **cappello**	.... la **camicia**
die **U-Bahn**	die **Autobahn** ....
das **Bier**	.... **alzarsi**
schlafen	die **Kreuzung** ....
.... **lavorare**	der **Pullover** ....
die **Speisekarte**	.... **presto**
der **Kreisverkehr**	der/die **Kellner/-in** ....
.... la **scrivania**	.... il **bastone da passeggio**
die/das **Cola**	.... il **calzino**
die **Straßenbahn**	das **Wochenende** ....
.... **ordinare**	der **Mond** ....
die **Sonne**	

Geschafft? Abgehakt!

GIORNO 1

1 Lies das italienische Wort laut vor und schreibe es auf.

la **carne**
['karne]
das Fleisch

la **verdura**
[wer'duhra]
das Gemüse

il **riso**
['rieso]
der Reis

il **piatto**
['pjatto]
der Teller

la **salsa**
['salsa]
die Soße

2 Präge dir die 5 Wörter kurz ein.

3 Verdecke die linke Seite, schreibe die Wörter auf und sprich sie laut aus.

das **Fleisch** ....

das **Gemüse** ....

der **Reis** ....

die **Soße** ....

der **Teller** ....

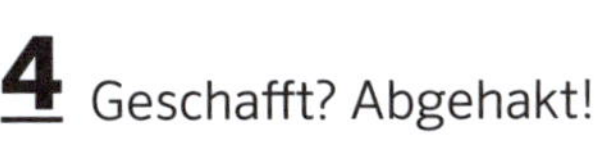

4 Geschafft? Abgehakt!

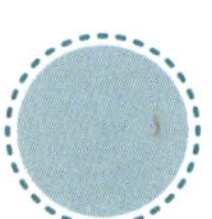

GIORNO 2

1 Lies das italienische Wort laut vor und schreibe es auf.

il **gabinetto**
[gabi'netto]
die Toilette

la **carta igienica**
[ˌkarta i'dschehnika]
das Toilettenpapier

lavarsi i denti
[la'warsi i 'denti]
Zähne putzen

fare il bagno
[ˌfahre il 'banjo]
baden

fare la doccia
[ˌfahre la 'dottscha]
duschen

2 Präge dir die 5 Wörter kurz ein.

3 Verdecke die linke Seite, schreibe die Wörter auf und sprich sie laut aus.

die **Toilette** ....

das **Toilettenpapier** ....

Zähne putzen ....

baden ....

duschen ....

4 Geschafft? Abgehakt!

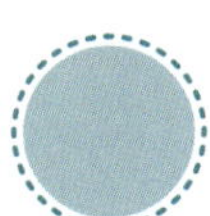

GIORNO 3

1 Lies das italienische Wort laut vor und schreibe es auf.

i **pantaloni**
[panta'lohni]
die Hose

---

gli **occhiali da sole**
[ok'kjahli da 'sohle]
die Sonnenbrille

la **cintura**
[tschin'tuhra]
der Gürtel

---

il **cappotto**
[kap'potto]
der Mantel

---

il **guanto**
['guanto]
der Handschuh

2 Präge dir die 5 Wörter kurz ein.

3 Verdecke die linke Seite, schreibe die Wörter auf und sprich sie laut aus.

die **Hose** ....

die **Sonnenbrille** ....

der **Gürtel** ....

der **Mantel** ....

der **Handschuh** ....

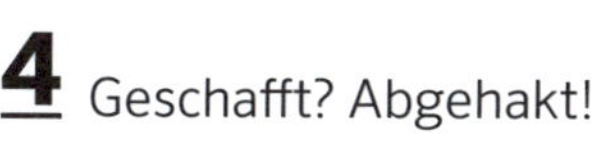

4 Geschafft? Abgehakt!

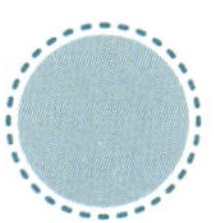

GIORNO 4

1 Lies das italienische Wort laut vor und schreibe es auf.

il **passaporto**
[passa'porto]
der Reisepass

l'**arrivo**
[ar'riewo]
die Ankunft

il **controllo passaporti**
[kon͵trollo passa'porti]
die Passkontrolle

il **controllo di sicurezza**
[kon͵trollo di siku'rettsa]
die Sicherheitskontrolle

la **partenza**
[par'tentsa]
der Abflug

2 Präge dir die 5 Wörter kurz ein.

3 Verdecke die linke Seite, schreibe die Wörter auf und sprich sie laut aus.

der **Reisepass** ....

die **Ankunft** ....

der **Abflug** ....

die **Passkontrolle** ....

die **Sicherheitskontrolle** ....

4 Geschafft? Abgehakt!

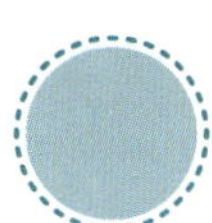

GIORNO 5

1 Lies das italienische Wort laut vor und schreibe es auf.

l'**ingorgo**
[in'gorgo]
der Stau

---

il **semaforo**
[se'mahforo]
die Ampel

rosso/a
['rosso/a]
rot

---

giallo/a
['dschallo/a]
gelb

---

verde
['werde]
grün

2 Präge dir die 5 Wörter kurz ein.

3 Verdecke die linke Seite, schreibe die Wörter auf und sprich sie laut aus.

die **Ampel** ....

rot ....

gelb ....

grün ....

der **Stau** ....

4 Geschafft? Abgehakt!

TESTE DICH! Wie viele Wörter der letzten 5 Tage kannst du noch?

1 Verbinde jedes Bild mit dem richtigen Wort.

la carta igienica **il gabinetto** **il controllo passaporti** **la cintura** **fare il bagno** **il riso** **fare la doccia** **la partenza**

la verdura **rosso/a** **il passaporto** **il controllo di sicurezza** **gli occhiali da sole** **lavarsi i denti** **l'arrivo**

2 Suche im Wortgitter die italienischen Wörter.

die **Ampel**
das **Fleisch**
gelb
grün
der **Handschuh**
die **Hose**
der **Mantel**
die **Soße**
der **Stau**
der **Teller**

S	G	U	A	N	T	O	C	I	V
A	E	L	P	E	I	F	A	N	E
L	G	M	O	I	O	M	P	G	R
S	N	E	A	P	A	B	P	O	D
A	R	C	S	F	D	T	O	R	E
G	I	A	L	L	O	U	T	G	I
A	C	A	R	N	E	R	T	O	A
H	P	A	N	T	A	L	O	N	I

   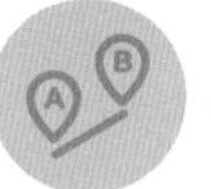 

3 Verdecke die linke Seite und vervollständige dein Glossar.

Zähne putzen	**duschen** ....
.... la **partenza**	die **Ankunft** ....
.... l'**ingorgo**	**rot** ....
die **Sonnenbrille**	das **Gemüse** ....
das **Fleisch**	.... **giallo/a**
die **Soße**	der **Reisepass** ....
.... il **guanto**	**baden** ....
die **Ampel**	.... il **cappotto**
der **Reis**	die **Passkontrolle** ....
die **Hose**	.... il **controllo di sicurezza**
grün	der **Teller** ....
.... la **cintura**	.... la **carta igienica**
.... il **gabinetto**	Geschafft? Abgehakt!

GIORNO 1

1 Lies das italienische Wort laut vor und schreibe es auf.

le **fragole**
['fragole]
die Erdbeeren

la **mela**
['mehla]
der Apfel

la **banana**
[ba'nahna]
die Banane

il **melone**
[me'lohne]
die Melone

l'**arancia**
[a'rantscha]
die Orange

2 Präge dir die 5 Wörter kurz ein.

3 Verdecke die linke Seite, schreibe die Wörter auf und sprich sie laut aus.

die **Erdbeeren** ....

der **Apfel** ....

die **Banane** ....

die **Melone** ....

die **Orange** ....

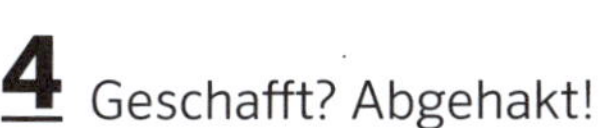

4 Geschafft? Abgehakt!

GIORNO 2

1 Lies das italienische Wort laut vor und schreibe es auf.

andare in sedia a rotelle
[an'dahre in ˌsehdja a ro'telle]
Rollstuhl fahren

camminare
[kammi'nahre]
gehen

sedere
[se'dehre]
sitzen

giacere
[dscha'tschehre]
liegen

stare in piedi
[ˌstahre in 'pjedi]
stehen

2 Präge dir die 5 Wörter kurz ein.

3 Verdecke die linke Seite, schreibe die Wörter auf und sprich sie laut aus.

gehen ....

Rollstuhl fahren ....

sitzen ....

liegen ....

stehen ....

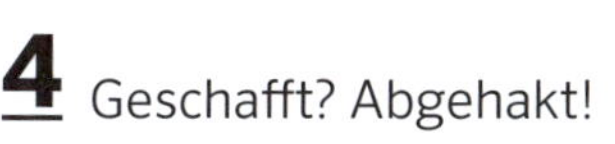

4 Geschafft? Abgehakt!

GIORNO 3

1 Lies das italienische Wort laut vor und schreibe es auf.

la **vasca da bagno**
[ˌwaska da 'banjo]
die Badewanne

lo **shampoo**
['schampo]
das Shampoo

la **doccia**
['dottscha]
die Dusche

lo **specchio**
['spekkjo]
der Spiegel

l'**asciugamano**
[aschuga'mahno]
das Handtuch

2 Präge dir die 5 Wörter kurz ein.

3 Verdecke die linke Seite, schreibe die Wörter auf und sprich sie laut aus.

das **Shampoo** ....

der **Spiegel** ....

die **Badewanne** ....

das **Handtuch** ....

die **Dusche** ....

4 Geschafft? Abgehakt!

GIORNO 4

1 Lies das italienische Wort laut vor und schreibe es auf.

pigro/a
['pigro/a]
faul

veloce
[we'lohtsche]
schnell

lento/a
['lento/a]
langsam

duro/a
['duhro/a]
hart

morbido/a
['morbido/a]
weich

2 Präge dir die 5 Wörter kurz ein.

3 Verdecke die linke Seite, schreibe die Wörter auf und sprich sie laut aus.

faul ....

schnell ....

langsam ....

hart ....

weich ....

4 Geschafft? Abgehakt!

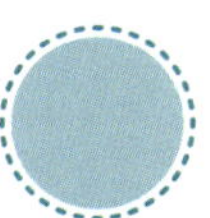

GIORNO 5

1 Lies das italienische Wort laut vor und schreibe es auf.

bere
['behre]
trinken

la **frutta**
['frutta]
das Obst

l'**uva**
['uhwa]
die Weintraube

il **succo**
['sukko]
der Saft

il **vino**
['wieno]
der Wein

2 Präge dir die 5 Wörter kurz ein.

3 Verdecke die linke Seite, schreibe die Wörter auf und sprich sie laut aus.

trinken ....

das **Obst** ....

die **Weintraube** ....

der **Saft** ....

der **Wein** ....

4 Geschafft? Abgehakt!

TESTE DICH!

Wie viele Wörter der letzten 5 Tage kannst du noch?

1 Verbinde jedes Bild mit dem richtigen Wort.

pigro/a **bere** **duro/a** **sedere** **veloce** **andare in sedia a rotelle** **camminare** **l'uva**

giacere **il succo** **stare in piedi** **lento/a** **morbido/a** **la frutta** **il vino**

2 Suche im Wortgitter die italienischen Wörter.

der **Apfel**
die **Badewanne**
die **Banane**
die **Erdbeeren**
die **Dusche**
das **Handtuch**
die **Melone**
die **Orange**
das **Shampoo**
der **Spiegel**

O	A	S	C	I	U	G	A	M	A	N	O	S
F	S	R	M	B	E	S	I	C	O	A	H	P
R	A	G	A	E	A	F	H	M	E	L	A	E
A	C	S	O	N	L	N	D	A	T	M	S	C
G	P	A	N	S	C	O	A	U	M	R	I	C
O	H	O	E	I	L	I	N	N	P	P	B	H
L	E	D	O	C	C	I	A	E	A	C	O	I
E	V	A	S	C	A	D	A	B	A	G	N	O

3 Verdecke die linke Seite und vervollständige dein Glossar.

______ **sedere**	**stehen** ______
______ **lento/a**	**schnell** ______
der **Wein** ______	das **Obst** ______
______ lo **specchio**	______ la **mela**
die **Erdbeeren** ______	______ l'**uva**
die **Melone** ______	**faul** ______
die **Dusche** ______	______ **giacere**
______ **bere**	______ l'**asciugamano**
die **Banane** ______	**hart** ______
das **Shampoo** ______	______ **morbido/a**
der **Saft** ______	die **Orange** ______
______ la **vasca da bagno**	**Rollstuhl fahren** ______
gehen ______	

Geschafft? Abgehakt!

GIORNO 1

1 Lies das italienische Wort laut vor und schreibe es auf.

l’**asse da stiro**
[ˌasse da 'stiero]
das Bügelbrett

il **ferro da stiro**
[ˌferro da 'stiero]
das Bügeleisen

la **lavatrice**
[lawa'trietsche]
die Waschmaschine

il **secchio**
['sekkjo]
der Eimer

l’**aspirapolvere**
[aspira'polwere]
der Staubsauger

2 Präge dir die 5 Wörter kurz ein.

3 Verdecke die linke Seite, schreibe die Wörter auf und sprich sie laut aus.

der **Eimer** ....

die **Waschmaschine** ....

das **Bügeleisen** ....

das **Bügelbrett** ....

der **Staubsauger** ....

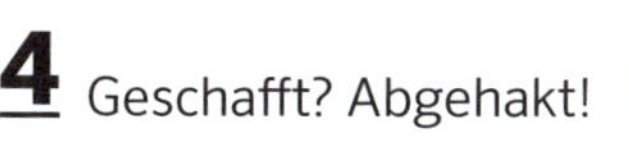

GIORNO 2

1 Lies das italienische Wort laut vor und schreibe es auf.

caldo/a
['kaldo/a]
heiß

freddo/a
['freddo/a]
kalt

il **temporale**
[tempo'rahle]
das Gewitter

l'**arcobaleno**
[arkoba'lehno]
der Regenbogen

il **ghiaccio**
['gjattscho]
das Eis

2 Präge dir die 5 Wörter kurz ein.

3 Verdecke die linke Seite, schreibe die Wörter auf und sprich sie laut aus.

heiß ....

kalt ....

das **Gewitter** ....

der **Regenbogen** ....

das **Eis** ....

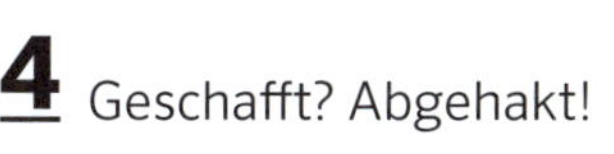

4 Geschafft? Abgehakt!

GIORNO 3

1 Lies das italienische Wort laut vor und schreibe es auf.

la **città**
[tschit'ta]
die Stadt

il **ponte**
['ponte]
die Brücke

il **marciapiede**
[martscha'pjede]
der Gehweg

il **pedone,** la **pedona**
[pe'dohne, pe'dohna]
der Fußgänger, die Fußgängerin

la **strada**
['strahda]
die Straße

2 Präge dir die 5 Wörter kurz ein.

3 Verdecke die linke Seite, schreibe die Wörter auf und sprich sie laut aus.

die **Stadt** ....

die **Brücke** ....

der **Gehweg** ....

die **Straße** ....

der/die **Fußgänger/-in** ....

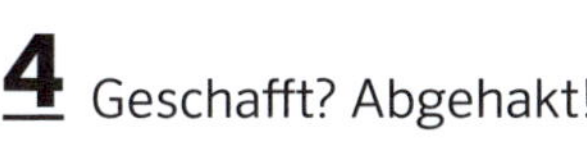

4 Geschafft? Abgehakt!

GIORNO 4

1 Lies das italienische Wort laut vor und schreibe es auf.

il **limone**
[li'mohne]
die Zitrone

la **bottiglia**
[bot'tilja]
die Flasche

l'**acqua**
['akkua]
das Wasser

la **bevanda**
[be'wanda]
das Getränk

il **bicchiere**
[bik'kjehre]
das Glas

2 Präge dir die 5 Wörter kurz ein.

3 Verdecke die linke Seite, schreibe die Wörter auf und sprich sie laut aus.

die **Zitrone** ....

das **Wasser** ....

das **Glas** ....

das **Getränk** ....

die **Flasche** ....

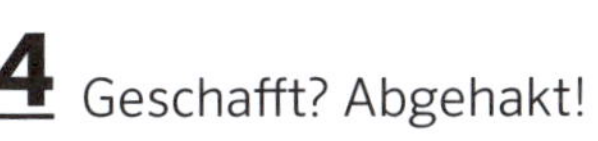

4 Geschafft? Abgehakt!

GIORNO **5**

1 Lies das italienische Wort laut vor und schreibe es auf.

l'**orario**
[o'rahrio]
der Fahrplan

la **fermata dell'autobus**
[fer'mahta del'lautobus]
die Bushaltestelle

il **biglietto**
[bil'jetto]
die Fahrkarte

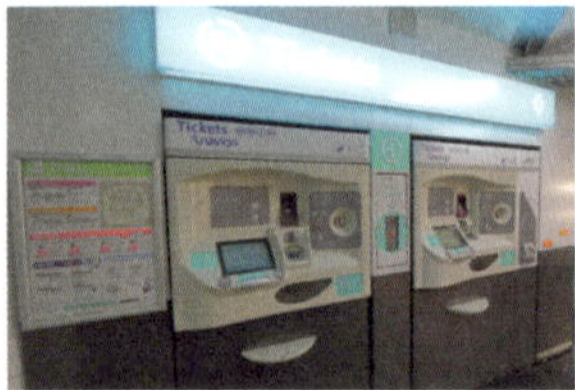

la **biglietteria automatica**
[biljette'rija autoˌmahtika]
der Fahrkartenautomat

la **stazione ferroviaria**
[sta'tsjohne ferro'wjahrja]
der Bahnhof

2 Präge dir die 5 Wörter kurz ein.

3 Verdecke die linke Seite, schreibe die Wörter auf und sprich sie laut aus.

die **Bushaltestelle** ....

der **Fahrplan** ....

die **Fahrkarte** ....

der **Fahrkartenautomat** ....

der **Bahnhof** ....

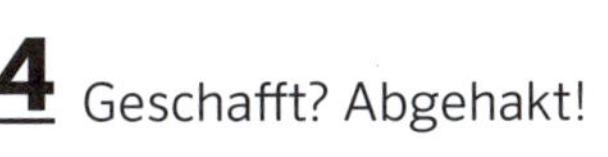

4 Geschafft? Abgehakt!

TESTE DICH! Wie viele Wörter der letzten 5 Tage kannst du noch?

1 Verbinde jedes Bild mit dem richtigen Wort.

l'orario **il temporale** **la biglietteria automatica** **l'aspirapolvere** **il pedone, la pedona** **il biglietto** **caldo/a**

il limone **il ghiaccio** **la strada** **la lavatrice** **l'arcobaleno** **freddo/a** **la fermata dell'autobus** **la stazione ferroviaria**

2 Suche im Wortgitter die italienischen Wörter.

die **Brücke**
das **Bügeleisen**
der **Eimer**
die **Flasche**
der **Gehweg**
das **Getränk**
das **Glas**
die **Stadt**
das **Wasser**

F	E	R	R	O	D	A	S	T	I	R	O
A	B	I	C	C	H	I	E	R	E	P	S
B	O	T	T	I	G	L	I	A	I	O	E
Q	B	E	V	A	N	D	A	U	C	N	C
L	U	S	I	O	A	C	Q	U	A	T	C
M	A	R	C	I	A	P	I	E	D	E	H
C	I	T	T	À	N	F	E	F	O	M	I
O	A	S	S	E	D	A	S	T	I	R	O

3 Verdecke die linke Seite und vervollständige dein Glossar.

das **Gewitter**	das **Eis** ....
.... il **bicchiere**	das **Wasser** ....
der **Bahnhof**	der **Fahrplan** ....
die **Brücke**	.... la **lavatrice**
.... il **secchio**	die **Fahrkarte** ....
.... l'**asse da stiro**	die **Zitrone** ....
der/die **Fußgänger/-in**	.... l'**arcobaleno**
die **Bushaltestelle**	die **Straße** ....
das **Bügeleisen**	das **Getränk** ....
die **Stadt**	die **Flasche** ....
.... la **biglietteria automatica**	.... l'**aspirapolvere**
der **Gehweg**	.... **freddo/a**
heiß	Geschafft? Abgehakt!

GIORNO 1

1 Lies das italienische Wort laut vor und schreibe es auf.

cuocere al forno
['kuohtschere al 'forno]
backen

sbucciare
[sbut'tschahre]
schälen

tagliare
[tal'jahre]
schneiden

bollire
[bol'liere]
kochen

friggere
['friddschere]
braten

2 Präge dir die 5 Wörter kurz ein.

3 Verdecke die linke Seite, schreibe die Wörter auf und sprich sie laut aus.

backen ....

schälen ....

schneiden ....

kochen ....

braten ....

4 Geschafft? Abgehakt!

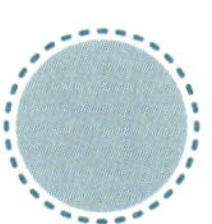

GIORNO 2

1 Lies das italienische Wort laut vor und schreibe es auf.

prendere
['prendere]
nehmen

portare
[por'tahre]
tragen

parlare
[par'lahre]
sprechen

sentire
[sen'tiere]
hören

vedere
[we'dehre]
sehen

2 Präge dir die 5 Wörter kurz ein.

3 Verdecke die linke Seite, schreibe die Wörter auf und sprich sie laut aus.

nehmen ....

tragen ....

sprechen ....

hören ....

sehen ....

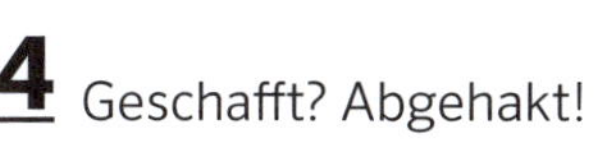

4 Geschafft? Abgehakt!

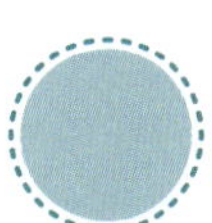

GIORNO 3

1 Lies das italienische Wort laut vor und schreibe es auf.

il **bagno**
['banjo]
das Badezimmer

----

la **camera da letto**
['kahmera da 'letto]
das Schlafzimmer

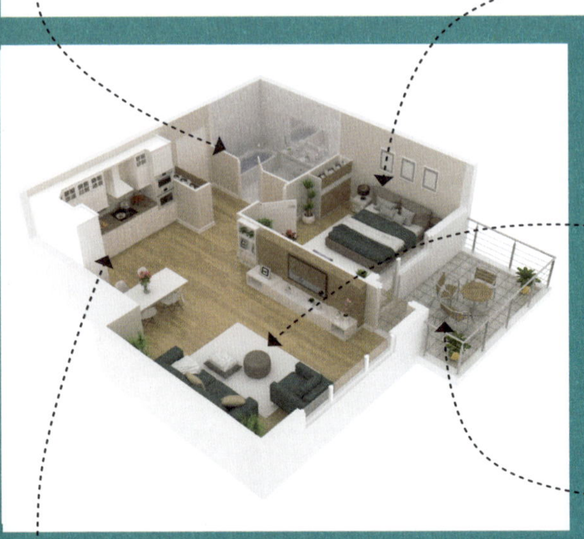

il **soggiorno**
[sod'dschorno]
das Wohnzimmer

----

il **balcone**
[bal'kohne]
der Balkon

----

la **cucina**
[ku'tschiena]
die Küche

2 Präge dir die 5 Wörter kurz ein.

3 Verdecke die linke Seite, schreibe die Wörter auf und sprich sie laut aus.

der **Balkon** ....

die **Küche** ....

das **Wohnzimmer** ....

das **Badezimmer** ....

das **Schlafzimmer** ....

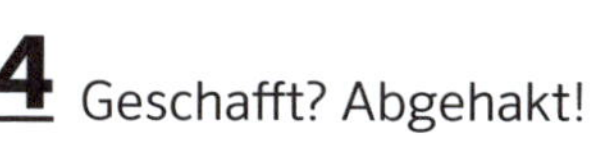

4 Geschafft? Abgehakt!

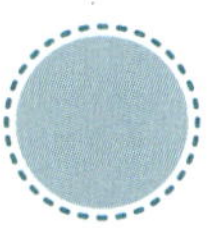

GIORNO **4**

1 Lies das italienische Wort laut vor und schreibe es auf.

nevoso/a
[ne'wohso/a]
verschneit

soleggiato/a
[soled'dschahto/a]
sonnig

nuvoloso/a
[nuwo'lohso/a]
wolkig

nebbioso/a
[neb'bjohso/a]
neblig

ventoso/a
[wen'tohso/a]
windig

2 Präge dir die 5 Wörter kurz ein.

3 Verdecke die linke Seite, schreibe die Wörter auf und sprich sie laut aus.

verschneit ....

sonnig ....

wolkig ....

neblig ....

windig ....

4 Geschafft? Abgehakt!

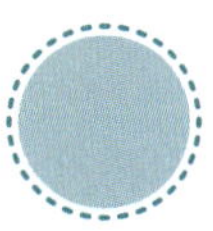

GIORNO 5

1 Lies das italienische Wort laut vor und schreibe es auf.

il **lago**
['lahgo]
der See

il **bosco**
['bosko]
der Wald

il **prato**
['prahto]
die Wiese

la **foglia**
['folja]
das Blatt

l'**albero**
['albero]
der Baum

2 Präge dir die 5 Wörter kurz ein.

3 Verdecke die linke Seite, schreibe die Wörter auf und sprich sie laut aus.

der **See** ....

der **Wald** ....

die **Wiese** ....

das **Blatt** ....

der **Baum** ....

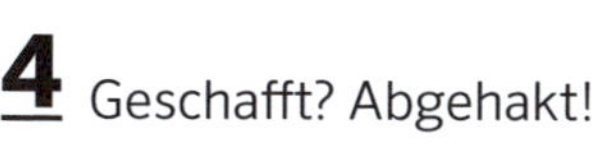

4 Geschafft? Abgehakt!

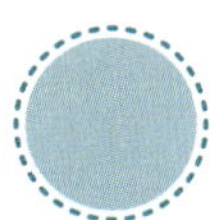

TESTE DICH! Wie viele Wörter der letzten 5 Tage kannst du noch?

1 Verbinde jedes Bild mit dem richtigen Wort.

nuvoloso/a **parlare** **sentire** **cuocere al forno** **bollire** **vedere** **nebbio-so/a** **tagliare**

soleggia-to/a **ventoso/a** **portare** **prendere** **sbucciare** **nevoso/a** **friggere**

2 Suche im Wortgitter die italienischen Wörter.

der **Balkon**
das **Badezimmer**
der **Baum**
das **Blatt**
die **Küche**
das **Schlafzimmer**
der **See**
der **Wald**
die **Wiese**
das **Wohnzimmer**

B	G	H	A	M	E	L	S	I	O	Q	U	F
C	A	M	E	R	A	D	A	L	E	T	T	O
P	L	L	V	O	E	R	O	G	C	L	I	G
U	B	U	C	U	C	I	N	A	O	A	B	L
C	E	A	S	O	G	G	I	O	R	N	O	I
O	R	R	G	L	N	S	I	P	U	D	S	A
V	O	T	R	N	O	E	A	T	A	M	C	N
F	T	I	B	U	O	N	P	R	A	T	O	E

3 Verdecke die linke Seite und vervollständige dein Glossar.

sprechen	**sehen** ....
wolkig	.... **soleggiato/a**
.... l'**albero**	der **Wald** ....
die **Küche**	.... **sbucciare**
backen	die **Wiese** ....
kochen	**verschneit** ....
das **Schlafzimmer**	.... **sentire**
der **See**	das **Badezimmer** ....
.... **tagliare**	.... **nebbioso/a**
der **Balkon**	**windig** ....
.... la **foglia**	.... **friggere**
.... il **soggiorno**	**tragen** ....
nehmen	

Geschafft? Abgehakt!

GIORNO **1**

1 Lies das italienische Wort laut vor und schreibe es auf.

la **colazione**
[kola'tsjohne]
das Frühstück

il **pranzo**
['prandso]
das Mittagessen

la **cena**
['tschehna]
das Abendessen

lo **spuntino**
[spun'tieno]
der Snack

Salute!
[sa'luhte]
Prost!

2 Präge dir die 5 Wörter kurz ein.

3 Verdecke die linke Seite, schreibe die Wörter auf und sprich sie laut aus.

das **Frühstück** ....

das **Mittagessen** ....

das **Abendessen** ....

der **Snack** ....

Prost! ....

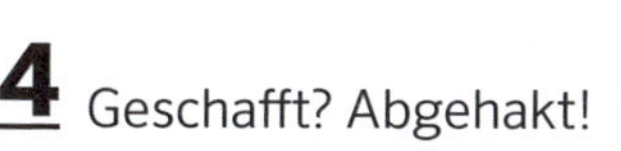

4 Geschafft? Abgehakt!

GIORNO 2

1 Lies das italienische Wort laut vor und schreibe es auf.

la **carta**
['karta]
das Papier

---

scrivere
['skriewere]
schreiben

la **penna**
['penna]
der Stift

---

il **computer**
[kom'pjuhter]
der Computer

---

gli **occhiali**
[ok'kjahli]
die Brille

2 Präge dir die 5 Wörter kurz ein.

3 Verdecke die linke Seite, schreibe die Wörter auf und sprich sie laut aus.

das **Papier** ....

die **Brille** ....

schreiben ....

der **Stift** ....

der **Computer** ....

4 Geschafft? Abgehakt!

GIORNO 3

1 Lies das italienische Wort laut vor und schreibe es auf.

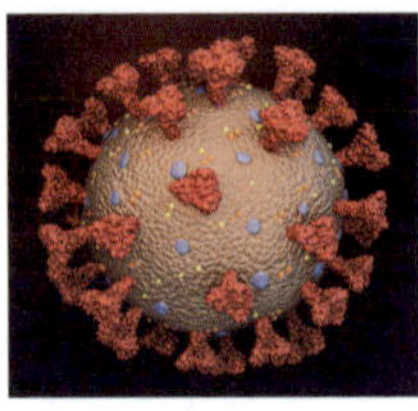

il **virus**
['wierus]
das/der Virus

sano/a
['sahno/a]
gesund

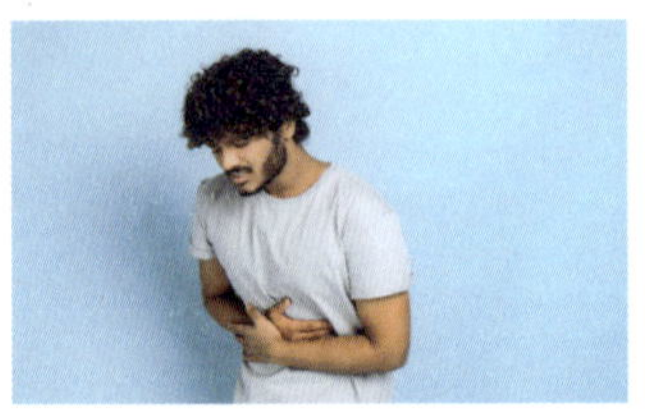

malato/a
[ma'lahto/a]
krank

la **mascherina**
[maske'riena]
der Mundschutz

la **pandemia**
[pande'mieja]
die Pandemie

2 Präge dir die 5 Wörter kurz ein.

3 Verdecke die linke Seite, schreibe die Wörter auf und sprich sie laut aus.

das/der **Virus** ....

krank ....

gesund ....

der **Mundschutz** ....

die **Pandemie** ....

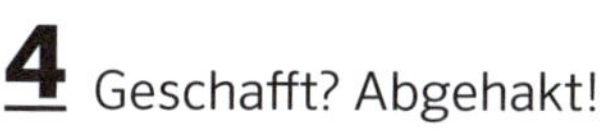

4 Geschafft? Abgehakt!

GIORNO 4

1 Lies das italienische Wort laut vor und schreibe es auf.

cantare
[kan'tahre]
singen

ballare
[bal'lahre]
tanzen

forte
['forte]
laut

piano
['pjahno]
leise

la **musica**
['muhsika]
die Musik

2 Präge dir die 5 Wörter kurz ein.

3 Verdecke die linke Seite, schreibe die Wörter auf und sprich sie laut aus.

singen ....

tanzen ....

laut ....

leise ....

die **Musik** ....

4 Geschafft? Abgehakt!

GIORNO 5

1 Lies das italienische Wort laut vor und schreibe es auf.

la **finestra**
[fi'nestra]
das Fenster

la **lampada**
['lampada]
die Lampe

la **poltrona**
[pol'trohna]
der Sessel

il **divano**
[di'wahno]
das Sofa

il **tappeto**
[tap'pehto]
der Teppich

2 Präge dir die 5 Wörter kurz ein.

3 Verdecke die linke Seite, schreibe die Wörter auf und sprich sie laut aus.

das **Fenster** ....

der **Sessel** ....

das **Sofa** ....

die **Lampe** ....

der **Teppich** ....

4 Geschafft? Abgehakt!

TESTE DICH!

Wie viele Wörter der letzten 5 Tage kannst du noch?

1 Verbinde jedes Bild mit dem richtigen Wort.

la pandemia **forte** **sano/a** **Salute!** **ballare** **la musica** **la colazione** **il virus**

lo spuntino **cantare** **la mascherina** **la cena** **malato/a** **il pranzo** **piano**

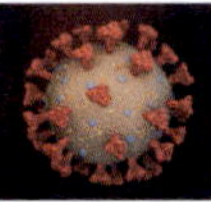

2 Suche im Wortgitter die italienischen Wörter.

die **Brille**
der **Computer**
das **Fenster**
die **Lampe**
das **Papier**
schreiben
der **Sessel**
das **Sofa**
der **Stift**
der **Teppich**

C	O	M	P	U	T	E	R	P
F	C	E	D	I	V	A	N	O
S	C	R	I	V	E	R	E	L
A	H	D	C	A	R	T	A	T
F	I	N	E	S	T	R	A	R
T	A	P	P	E	T	O	I	O
S	L	A	M	P	A	D	A	N
B	I	U	C	P	E	N	N	A

3 Verdecke die linke Seite und vervollständige dein Glossar.

schreiben ______	der **Computer** ______
laut ______	______ **ballare**
der **Teppich** ______	______ la **poltrona**
______ **malato/a**	das **Mittagessen** ______
das **Frühstück** ______	______ il **divano**
______ lo **spuntino**	**singen** ______
die **Pandemie** ______	der **Stift** ______
das **Fenster** ______	der **Mundschutz** ______
das **Abendessen** ______	______ **piano**
das/der **Virus** ______	die **Musik** ______
die **Lampe** ______	**Prost!** ______
______ **sano/a**	______ gli **occhiali**
______ la **carta**	

Geschafft? Abgehakt!

Alphabetische Wortliste Italienisch – Deutsch

Hier findest du alle italienischen Wörter mit deutscher Übersetzung, die du in diesem Buch lernen kannst.

A

abbracciarsi *umarmen, sich* 116
aceto, l' *Essig, der* 114
acqua, l' *Wasser, das* 214
addome, l' *Bauch, der* 166
adesso *jetzt* 102
aereo, l' *Flugzeug, das* 82
aeroporto, l' *Flughafen, der* 82
aglio, l' *Knoblauch, der* 96
albergo, l' *Hotel, das* 76
albero, l' *Baum, der* 228
alzarsi *aufstehen* 172
amico, amica, il, l' *Freund, Freundin, der, die* 160
andare in sedia a rotelle *Rollstuhl fahren* 198
animale, l' *Tier, das* 48
animale domestico, l' *Haustier, das* 48
anno, l' *Jahr, das* 132
annusare *riechen* 80
anziano/a *alt* 108
apparecchio acustico, l' *Hörgerät, das* 124
appuntamento, l' *Termin, der* 136
aprire *öffnen* 168
arancia, l' *Orange, die* 196
arcobaleno, l' *Regenbogen, der* 210
arrabbiato/a *wütend* 16
arrivo, l' *Ankunft, die* 190
asciugamano, l' *Handtuch, das* 200
asciutto/a *trocken* 64
asilo, l' *Kindergarten, der* 140
asino, l' *Esel, der* 36
aspettare *warten* 82
aspirapolvere, l' *Staubsauger, der* 208
assaporare *schmecken* 80
asse da stiro, l' *Bügelbrett, das* 208
atterrare *landen* 168
auto, l' *Auto, das* 58
autostrada, l' *Autobahn, die* 180
autunno, l' *Herbst, der* 132

B

bagnato/a *nass* 64
bagno, il *Badezimmer, das* 224
balcone, il *Balkon, der* 224
ballare *tanzen* 238
bambina, la *Mädchen, das* 142
bambino, il *Junge, der* 142
bambino, bambina, il, la *Kind, das* 94
banana, la *Banane, die* 196
banca, la *Bank, die* 112

F

G

Bildnachweis

©123RF
Bildreihenfolge von rechts oben bis links unten

4 Katarzyna Białasiewicz; **6** (a) Quanxiong ZENG, (b) degimages, (c) Matej Kastelic, (d) milkos, (e) Mark Bowden; **8** conssuella; **10** (a) Martti Tapio Salmela, (b) Alexander Lysenko, (c) Gratsias Adhi Hermawan, (d) Nataliya Popova, (e) Nataliya Popova **12** Katarzyna Białasiewicz **14** (a) Quanxiong ZENG, (b) Martti Tapio Salmela, (c) Katarzyna Białasiewicz, (d) Nataliya Popova, (e) milkos, (f) Gratsias Adhi Hermawan, (g) degimages, (h) conssuella, (i) Katarzyna Białasiewicz, (j) Matej Kastelic, (k) Alexander Lysenko, (l) Mark Bowden, (m) Katarzyna Białasiewicz, (n) Katarzyna Białasiewicz, (o) Nataliya Popova; **16** (a) gelpi, (b) ljupco, (c) serezniy, (d) ferli, (e) Irina Zharkova; **18** valentinka2021; **20** (a) kenishirotie, (b) Keattikorn Samarnggoon, (c) Pavel Stasevich, (d) akarasirithada, (e) olenago; **22** macrovector; **24** (a) Robyn Mackenzie, (b) katerynabibro, (c) movingmoment, (d) serezniy, (e) Dusan Zidar; **26** (a) olenago, (b) Irina Zharkova, (c) gelpi, (d) Pavel Stasevich, (e) movingmoment, (f) Dusan Zidar, (g) serezniy, (h) ferli, (i) katerynabibro, (j) kenishirotie, (k) Keattikorn Samarnggoon, (l) Robyn Mackenzie, (m) akarasirithada, (n) ljupco, (o) serezniy; **28** nuchao; **30** (a) ammentorp, (b) Ievgen Onyshchenko, (c) Tomas Marek, (d) Sviatlana Yankouskaya, (e) Wavebreak Media Ltd; **32** (a) paolo77, (b) Karin Hildebrand Lau, (c) aldorado10, (d) Cucu Giorgiana Andreea, (e) neirfy; **34** Daria Kolosova; **36** Isselee Eric Philippe; **38** (a) Tomas Marek, (b) Wavebreak Media Ltd, (c) aldorado10, (d) Daria Kolosova, (e) ammentorp, (f) nuchao, (g) Karin Hildebrand Lau, (h) Daria Kolosova, (i) Isselee Eric Philippe, (j) Sviatlana Yankouskaya, (k) Ievgen Onyshchenko, (l) neirfy, (m) Isselee Eric Philippe, (n) paolo77, (o) Cucu Giorgiana Andreea; **40** milkos; **42** (a) Jozef Polc, (b) bilanol, (c) stokkete, (d) ammentorp, (e) Angelo Cordeschi; **44** Petr Goskov; **46** (a) gioiak2, (b) nenovbrothers, (c) Zukhra Kholiavskaia, (d) Ivan Ryabokon, (e) kritchanut; **48** (a) ANASTASIIA LYTVYNENKO, (b) Isselee Eric Philippe, (c) romastudio, (d) Nynke van Holten, (e) Isselee Eric Philippe; **50** (a) Isselee Eric Philippe, (b) kritchanut, (c) ANASTASIIA LYTVYNENKO, (d) nenovbrothers, (e) stokkete, (f) Nynke van Holten, (g) Isselee Eric Philippe, (h) Zukhra Kholiavskaia, (i) bilanol, (j) gioiak2, (k) romastudio, (l) Angelo Cordeschi, (m) Jozef Polc, (n) ammentorp, (o) Ivan Ryabokon; **52** ericlaudonien; **54** (a) arcady31, (b) Oleksii Nikolaiev, (c) yuriwo, (d) Ivan Ryabokon, (e) Erick Warkentin; **56** lightfieldstudios; **58** Jozef Polc; **60** serezniy; **62** (a) Oleksii Nikolaiev, (b) lightfieldstudios, (c) Ivan Ryabokon, (d) serezniy, (e) Jozef Polc, (f) lightfieldstudios, (g) serezniy, (h) ericlaudonien, (i) Jozef Polc, (j) ericlaudonien, (k) lightfieldstudios, (l) arcady31, (m) Erick Warkentin, (n) yuriwo, (o) serezniy; **64** (a) sinenkiy, (b) Ludmila Smite, (c) Vitaliy Nazarenko, (d) Iryna Bezus, (e) Tatyana Tomsickova; **66** ma8; **68** (a) Zukhra Kholiavskaia, (b) olegdudko, (c) serezniy, (d) kwanchaichaiudom, (e) Margarita Borodina; **70** (a) liew hooi feng, (b) Valentyn Volkov, (c) Uliana Dementieva, (d) gresei, (e) sangsiripech tunruen; **72** dmitryazovsky; **74** (a) serezniy, (b) gresei, (c) sinenkiy, (d) kwanchaichaiudom, (e) Uliana Dementieva, (f) olegdudko, (g) Valentyn Volkov, (h) Iryna Bezus, (i) liew hooi feng, (j) Vitaliy Nazarenko, (k) Margarita Borodina, (l) Tatyana Tomsickova, (m) Zukhra Kholiavskaia, (n) sangsiripech tunruen, (o) Ludmila Smite; **76** (a) coward_lion, (b) Viktor Gladkov, (c) foottoo, (d) tea, (e) rh2010; **78** Evgeny Atamanenko; **80** (a) Mikhail Azarov, (b) savanno, (c) fotoidee, (d) Ivan Mateev, (e) Antonio Guillem; **82** maridav; **84** whitecity; **86** (a) savanno, (b) Viktor Gladkov, (c) rh2010, (d) fotoidee, (e) Mikhail Azarov, (f) Evgeny Atamanenko, (g) coward_lion, (h) Evgeny Atamanenko, (i) Evgeny Atamanenko, (j) Antonio Guillem, (k) maridav, (l) foottoo, (m) Evgeny Atamanenko, (n) tea, (o) Ivan Mateev; **88** (a) Liliya Butenko, (b) Andrey Simonenko, (c) Kovacs Agnes Zsofia, (d) Isselee Eric Philippe, (e) Charoenchai Tothaisong; **90** (a) Georgii Dolgykh, (b) Warut Chinsai, (c) serezniy, (d) ljupco, (e) lightfieldstudios; **92** Ganna Tugolukova; **94** mukhina1; **96** miramiska; **98** (a) Warut Chinsai, (b) Charoenchai Tothaisong, (c) Kovacs Agnes Zsofia, (d) lightfieldstudios, (e) serezniy, (f) miramiska, (g) Liliya Butenko, (h) miramiska, (i) miramiska, (j) Georgii Dolgykh, (k) Ganna Tugolukova, (l) ljupco, (m) mukhina1, (n) Andrey Simonenko, (o) Isselee Eric Philippe; **100** (a) Evgeny Atamanenko, (b) seventyfour74, (c) Kasper Ravlo, (d) milkos, (e) Andriy Popov; **102** noppadol thammatorn; **104** serezniy; **106** (a) Carolyn Franks, (b) supoj buranaprapapong, (c) rclassenlayouts, (d) Volodymyr Kalyniuk, (e) Irina Schmidt; **108** Andrii YURLOV; **110** (a) Evgeny Atamanenko, (b) milkos, (c) Andriy Popov, (d) Andrii YURLOV, (e) Irina Schmidt, (f) serezniy, (g) seventyfour74, (h) noppadol thammatorn, (i) serezniy, (j) Volodymyr Kalyniuk, (k) rclassenlayouts, (l) Carolyn Franks, (m) serezniy, (n) Kasper Ravlo, (o) supoj buranaprapapong; **112** (a) sedatseven, (b) Paolo Cordoni, (c) welcomia, (d) Andrii Dragan, (e) Andriy Popov; **114** Andrei Kuzmik; **116** (a) Antonio Guillem, (b) prudencio alvarez, (c) natabene, (d) Jozef Polc, (e) anetlanda; **118** Piotr Adamowicz; **120** (a) Dmitrii Shironosov, (b) rawpixel, (c) Mark Bowden, (d) photochicken, (e) NATEE MEEPIAN; **122** (a) NATEE MEEPIAN, (b) Paolo Cordoni, (c) Mark Bowden,

(d) Jozef Polc, (e) anetlanda, (f) welcomia, (g) natabene, (h) Antonio Guillem, (i) rawpixel, (j) Andrii Dragan, (k) Andriy Popov, (l) photochicken, (m) sedatseven, (n) prudencio alvarez, (o) Dmitrii Shironosov; **124** lightfieldstudios; **126** (a) Tatyana Sidyukova, (b) movingmoment, (c) gresei, (d) whpics, (e) serezniy; **128** ljupco; **130** (a) Nynke van Holten, (b) Mikita Kavaliou, (c) callipso, (d) Nikolai Kashenko, (e) panor krachon; **132** hannamariah; **134** (a) Mikita Kavaliou, (b) Tatyana Sidyukova, (c) gresei, (d) panor krachon, (e) callipso, (f) lightfieldstudios, (g) whpics, (h) ljupco, (i) ljupco, (j) Nikolai Kashenko, (k) ljupco, (l) Nynke van Holten, (m) lightfieldstudios, (n) movingmoment, (o) serezniy; **136** milkos; **138** (a) Roman Zaiets, (b) Jovan Mandic, (c) serhii bobyk, (d) milkos, (e) Svitlana Hulko; **140** (a) Liubomir Paut-Fluerasu, (b) Gabriel Murad, (c) Chon Kit Leong, (d) yobro10, (e) Mark Bowden; **142** Sergiy Akhundov; **144** Oleksandr Prykhodko; **146** (a) milkos, (b) Liubomir Paut-Fluerasu, (c) Mark Bowden, (d) Gabriel Murad, (e) yobro10, (f) milkos, (g) Chon Kit Leong, (h) Sergiy Akhundov, (i) Sergiy Akhundov, (j) Svitlana Hulko, (k) Oleksandr Prykhodko, (l) serhii bobyk, (m) milkos, (n) Roman Zaiets, (o) Jovan Mandic; **148** Natalia Kostikova; **150** (a) Vladimir Tarasov, (b) serezniy, (c) ismagilov, (d) Tetiana Kravchenko, (e) sondem; **152** nosua; **154** (a) nathanipha phoeiwat, (b) Andrey Starostin, (c) liudmilachernetska, (d) timmary, (e) Ruslan Kudrin; **156** photogearch; **158** (a) nathanipha phoeiwat, (b) Tetiana Kravchenko, (c) sondem, (d) Vladimir Tarasov, (e) Ruslan Kudrin, (f) Natalia Kostikova, (g) Andrey Starostin, (h) nosua, (i) photogearch, (j) timmary, (k) Natalia Kostikova, (l) ismagilov, (m) nosua, (n) liudmilachernetska, (o) serezniy; **160** Viacheslav Iakobchuk; **162** (a) Sergey Nivens, (b) sattapapan tratong, (c) Kasper Ravlo, (d) damedeeso, (e) rh2010; **164** Katarzyna Białasiewicz; **166** Roman Samborskyi; **168** (a) dimarik16, (b) Yaroslav Astakhov, (c) Jirati Juntranimit, (d) adynyoman, (e) adynyoman; **170** (a) Jirati Juntranimit, (b) adynyoman, (c) sattapapan tratong, (d) dimarik16, (e) Yaroslav Astakhov, (f) Roman Samborskyi, (g) damedeeso, (h) Katarzyna Białasiewicz, (i) Katarzyna Białasiewicz, (j) adynyoman, (k) Roman Samborskyi, (l) Sergey Nivens, (m) Viacheslav Iakobchuk, (n) rh2010, (o) Kasper Ravlo; **172** (a) Kasper Ravlo, (b) milkos, (c) Luke Wilcox, (d) Andrea De Martin, (e) Maksim Shmeljov; **174** (a) Boiko Ilia, (b) Boiko Ilia, (c) Chatchaithep Tamlikit, (d) thvideo, (e) Sean Pavone; **176** dolgachov; **178** ljupco; **180** (a) Carolyn Franks, (b) fotocorn, (c) Ryan DeBerardinis, (d) Oleksandr Prykhodko, (e) Iakov Filimonov; **182** (a) Iakov Filimonov, (b) thvideo, (c) Chatchaithep Tamlikit, (d) Sean Pavone, (e) Boiko Ilia, (f) Carolyn Franks, (g) milkos, (h) Maksim Shmeljov, (i) Ryan DeBerardinis, (j) Luke Wilcox, (k) Andrea De Martin, (l) fotocorn, (m) Oleksandr Prykhodko, (n) Boiko Ilia, (o) Kasper Ravlo; **184** Luiz Ribeiro Ribeiro; **186** (a) Maciej Koza, (b) olegdudko, (c) serezniy, (d) Andrey Zhuravlev, (e) andriano; **188** Roman Samborskyi; **190** (a) liudmilachernetska, (b) Kiattisak Lamchan, (c) mrwed54, (d) Olena Yakobchuk, (e) - -AQ395; **192** Askolds Berovskis; **194** (a) Askolds Berovskis, (b) Andrey Zhuravlev, (c) - -AQ395, (d) olegdudko, (e) Maciej Koza, (f) Luiz Ribeiro Ribeiro, (g) Olena Yakobchuk, (h) Roman Samborskyi, (i) Luiz Ribeiro Ribeiro, (j) mrwed54, (k) Roman Samborskyi, (l) serezniy, (m) Kiattisak Lamchan, (n) liudmilachernetska, (o) andriano; **196** alinamd; **198** (a) ljupco, (b) lightfieldstudios, (c) Tatiana Gladskikh, (d) Josep Curto, (e) djomas; **200** Bongkarn Thanyakij; **202** (a) Alexandr Ermolaev, (b) freestyledesignworks, (c) Igor Boldyrev, (d) dwiputras, (e) bonzami Emmanuelle; **204** (a) Elena Skorobogatova, (b) alinamd, (c) aspi13, (d) Markus Mainka, (e) grafner; **206** (a) ljupco, (b) Markus Mainka, (c) lightfieldstudios, (d) alinamd, (e) djomas, (f) Tatiana Gladskikh, (g) Josep Curto, (h) dwiputras, (i) Alexandr Ermolaev, (j) grafner, (k) Igor Boldyrev, (l) bonzami emmanuelle, (m) aspi13, (n) freestyledesignworks, (o) Elena Skorobogatova; **208** absent; **210** eagle2308, (b) thvideo, (c) altitudevisual, (d) prazis, (e) Oleksandr Lutsenko; **212** Viktor Pazemin; **214** Kateryna Sheviakova; **216** (a) grazvydas, (b) kzenon, (c) dennizn, (d) tktktk, (e) Hakon Jarle Sveen; **218** (a) dennizn, (b) Kateryna Sheviakova, (c) thvideo, (d) Hakon Jarle Sveen, (e) eagle2308, (f) Viktor Pazemin, (g) altitudevisual, (h) abscent, (i) prazis, (j) abscent, (k) grazvydas, (l) Viktor Pazemin, (m) tktktk, (n) kzenon, (o) Oleksandr Lutsenko; **220** (a) Irina Schmidt, (b) Liudmyla Lysenko, (c) Nino Alberto, (d) gjerome69, (e) Yevhen Roshchyn; **222** (a) Daniela Simona Temneanu, (b) Iacheev, (c) Roman Samborskyi, (d) Roman Samborskyi, (e) Roman Samborskyi; **224** jafara; **226** (a) earthscapeimagegraphy, (b) Evgenii Krasnikov, (c) fahroni, (d) Jaromir Chalabala, (e) pakhnyushchyy; **228** Vladislav Zolotov; **230** (a) Jaromir Chalabala, (b) Liudmyla Lysenko, (c) Iacheev, (d) Roman Samborskyi, (e) Roman Samborskyi, (f) pakhnyushchyy, (g) gjerome69, (h) Yevhen Roshchyn, (i) Roman Samborskyi, (j) Daniela Simona Temneanu, (k) Nino Alberto, (l) Evgenii Krasnikov, (m) fahroni, (n) earthscapeimagegraphy, (o) Irina Schmidt; **232** (a) sai0112, (b) Ian Allenden, (c) Oleg Doroshenko, (d) sai0112, (e) facesportrait; **234** Juthamat Yamuangmorn; **236** (a) mattlphotography, (b) Kateryna Onyshchuk, (c) chajamp, (d) khosrork, (e) teerapat pattanasoponpong; **238** (a) Phongthorn Hiranlikhit, (b) Roman Samborskyi, (c) ascom73, (d) ascom73, (e) ra2studio; **240** Ismagilov; **242** (a) ascom73, (b) khosrork, (c) sai0112, (d) Ian Allenden, (e) chajamp, (f) ascom73, (g) Oleg Doroshenko, (h) sai0112, (i) ra2studio, (j) facesportrait, (k) Roman Samborskyi, (l) teerapat pattanasoponpong, (m) mattlphotography, (n) Kateryna Onyshchuk, (o) Phongthorn Hiranlikhit

PONS

Italienisch von 0 auf 500

Bearbeitet von: Francesco Cucinotta, Torsten Lasse, Dr. Christiane Wirth

Warenzeichen, Marken und gewerbliche Schutzrechte
Wörter, die unseres Wissens eingetragene Warenzeichen oder Marken oder sonstige gewerbliche Schutzrechte darstellen, sind als solche – soweit bekannt – gekennzeichnet. Die jeweiligen Berechtigten sind und bleiben Eigentümer dieser Rechte.

Es ist jedoch zu beachten, dass weder das Vorhandensein noch das Fehlen derartiger Kennzeichnungen die Rechtslage hinsichtlich dieser gewerblichen Schutzrechte berührt.

1. Auflage 2024 (1,04 – 2026)

www.pons.com/kontakt

Projektleitung: Helen Schmidt
Innenlayout: zweiband.media, Berlin
Coverbild: Adobe Stock/Red Monkey
Logoentwurf: Erwin Poell, Heidelberg
Logoüberarbeitung: Sabine Redlin, Ludwigsburg
Druck: Publikum d.o.o.

ISBN 978-3-12-516402-4